선생님과 함께하는
우리 반
독서치료

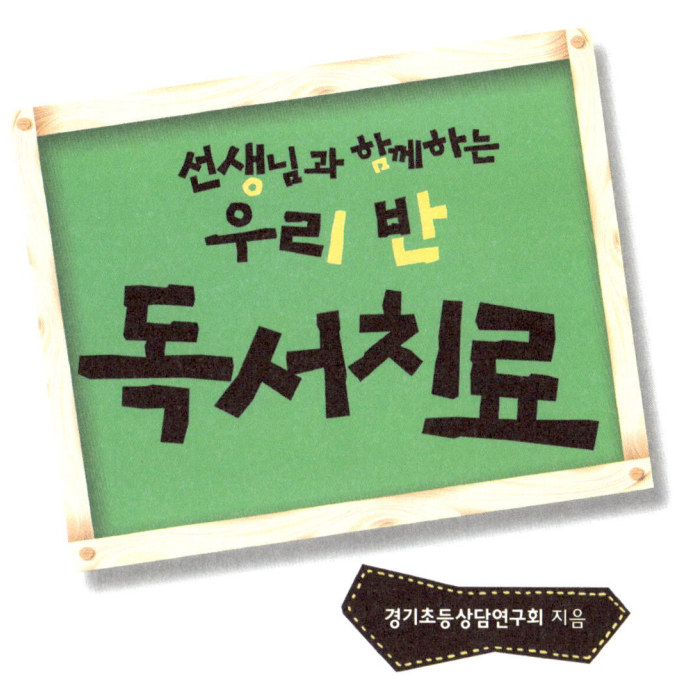

경기초등상담연구회 지음

학지사

추천사

미래사회는 국가 간 교류가 급속히 확산되고, 지식의 생성·소멸 속도가 가속화되는 글로벌 지식기반사회입니다. 글로벌 지식기반사회에서는 다양한 문화에 대한 소통과 이해, 그리고 지식을 창출하고 활용할 줄 아는 창의적 능력이 요구됩니다. 이에 교육과학기술부는 미래의 주역인 우리 학생들의 소질과 특성, 잠재력을 키울 수 있는 창의·인성교육 확산에 힘을 쏟고 있습니다.

창의·인성교육에 있어서 누구보다 전문성을 가지고 계신 분들은 바로 교육현장에서 직접 아이들을 지도하시는 선생님들이 아닐까 합니다. '선생님 저자 되기 프로젝트'는 선생님들이 교육현장에서 체득한 창의적 교수법과 생생한 노하우를 동료 교사들과 함께 나누고, 철학·역사·과학·녹색성장·시민교육 등 다양한 분야의 재미있는 학습 길잡이가 되고자 진행된 사업입니다.

프로젝트의 결실로서 열여섯 권의 책이 발간되었습니다. 저자가 되신 열다섯 팀의 선생님들께 진심으로 축하의 말씀을 드립니다. 바쁜 학교생활 속에서도 시간을 쪼개 좋은 책을 써 주신 선생님들과 책을 출간해 주신 출판사, 한국과학창의재단 관계자께도 심심한 감사의 말씀을 드립니다.

이번에 출간된 책들이 창의·인성교육을 실천하고자 하는 전국의 모든 선생님, 교과서를 벗어나 새로운 지식 탐구를 하고자 하는 학생, 그리고 자녀교육에 관심이 많은 대한민국 학부모님에게 많은 도움이 되리라 믿습니다.

앞으로도 '선생님 저자 되기 프로젝트'를 계속적으로 진행하여 창의·인성교육을 활성화하고, 대한민국의 미래인 우리 아이들이 각자의 꿈을 키워 갈 수 있도록 지원하겠습니다. 감사합니다.

교육과학기술부 장관
이주호

추천사

　성인들과 상담을 할 때는 대개 언어적 상호작용 위주로 상담을 할 수 있습니다. 일반적으로 성인상담에서 상담자는 특별히 표현에 어려움을 느끼는 성인들을 제외하고는 계속해서 표현하고 있는 내담자의 말을 제지, 중지시키고 정리하는 일을 해야 하는 경우가 많습니다. 그런데 반대로 자기 표현력이 아직 미숙한 학령기 아동들을 대상으로 이루어지는 상담에서는 상담자가 아동의 표현을 효과적으로 잘 이끌어 내고 지속시키는 것이 큰 과제가 됩니다. 평소에 말을 많이 하던 아이도 상담을 하게 되면 입이 닫히는 경우가 대부분이고, 억지로 말을 시키면 말을 하는 데 더 어려움을 느끼는 경우가 많습니다. 따라서 아동들의 이러한 발달상의 특성을 고려하여 효과적인 아동상담을 하는 데 도움이 될 상담 보조 전략이나 도구를 사용할 필요가 있습니다. 최근 아동들의 관심과 흥미를 이끌어 내어 보다 수월하게 상담 대화가 이루어지도록 하는 상담 전략인 놀이를 통한 상담, 미술을 통한 상담, 음악을 통한 상담, 인터넷을 통한 상담, 독서를 통한 상담 등이 소개되어 활용되고 있습니다.

　상담이 대화(언어)를 통해서 이루어지는 체계적 조력 과정이지만 지나치게 언어에만 의지하는 상담은 상담자나 내담자에게 비효율적일 수가 있습니다. 특히 언어 사용이 미숙하고 집중력이 떨어지는 아동에게 적절한 상담 보조 전략을 사용하는 것은 매우 중요합니다. 학령기 아동들이 성장 과정에서 겪게 되는 다양한 문제와 여러 가지 발달적 과제들을 다루는 동화, 책, 문서 매체를 선정하여 읽고 이를 매개로 상담 지도를 하는 독서치료는 초등학교 상담 장면에서 보다 체계적으로 발전시킬 필요가 있습니다. 이러한 차원에서 이번에 경기초등상담연구회의 상담 전문가 선생님들이 다년간의 학교 현장 적용을 종합한 『선생님과 함께하는 우리 반 독서치료』는 우리의 학교 현장 상담의 필요에 부응하는 매우 적절하고 유용한 상담 개입 프로그램입니다.

이 책이 사람의 인생 여행의 중추적 역할을 하고 있는 학교 현장, 특히 초등학교 현장에서 긍정적인 영향을 끼치기를 바랍니다. 선생님들의 상담 조력을 통해 우리의 아동들이 자신을 이해하고 수용하며 정서·사회적 능력을 발전시켜 나가기를 기원합니다. 우리의 아동들이 건강한 자아와 인간관계를 형성하고 자신만의 독특한 성취와 최고의 성장 경험을 이루어 나가는 즐거운 모습을 상상해 봅니다. 교육현장의 선생님들과 상담 실천가들, 학부모님에게 사랑받고 잘 활용되기를 바라는 마음을 담아 이 책을 기쁜 마음으로 추천해 드립니다.

서울교육대학교 교수
김광수

책을 내면서

경기초등상담연구회는 상담에 관심이 있어서 공부를 시작했고, 배운 공부를 아이들과 나누고 싶은 열망이 가득한 초등학교 교사들이 모여 자연스럽게 만들어진 상담 연구 모임입니다.

2006년 1월 16일에 경기도 내에 위치한 초등학교에서 근무하는 교사 여덟 명이 첫 모임을 갖기 시작하여 학교 현장에서 상담 교육을 할 수 있는 방안을 찾고 있습니다. 초등학교에서 아동의 학습 및 인성 발달에 전반적인 영향을 주는 단위인 학급을 중심으로 담임교사가 효과적으로 아동을 상담할 수 있는 상담 이론과 기법을 연마하고, 실천할 수 있는 자질을 함양하는 데 목적을 둡니다.

매월 두 번의 정기 모임에서 상담 주제별 사례 발표와 토론으로 상담 기법을 공유하고, 이를 통해 상담자로서의 자질을 향상시키고 있습니다. 또한 회원 및 현직 교사들을 대상으로 세미나와 워크숍, 직무 연수 등의 교사 연수를 지속적으로 실시하고 있으며 상담 관련 교재 개발을 통해 초등학교 현장에서 정규 수업이나 재량 수업 시간에 상담자료를 활용할 수 있도록 지원하는 노력을 하고 있습니다.

또 매년 새로운 주제의 프로젝트를 구상하면서 정기 모임을 통해 연구 결과를 집적하고 산출해 내고 있습니다. 우리 연구회는 이러한 노력을 통해 『행복한 자기 감정 표현학교』(다산어린이), 『담임교사와 함께 하는 학급상담』(공동체)을 출간하였고, EBS 교육다큐 〈초등생활보고서〉의 제2부 '칭찬' 편을 함께 제작하여 현장에서 상담을 통해 아이들의 변화를 이끌어 내는 감동적인 과정에도 참여하였습니다.

2011년에는 한국과학창의재단의 선생님 저자 되기 프로젝트 공고를 보고 지난 5년간 함께 연구하고 실천해 온 연구 결과물을 책으로 내면 좋겠다는 회원들의 의지를 모아 응모하여 이렇게 좋은 결실을 얻을 수 있게 되었습니다.

이 책은 독서치료와 관련된 영역에서 아이들이 성장 과정에서 겪게 되는 여러 가지 발달적 과제 중에서 열 가지를 선정하여 좋은 책을 읽고 책의 내용을 매개로 상담적 지도 방안을 모색해 본 결과입니다. 각 주제에 부합한 좋은 책을 선정하여 함께 읽은 후 책의 내용을 이해하는 활동과 이와 관련된 유익한 활동으로 내용을 꾸몄습니다.

이 책을 가지고 정규 수업 시간이나 재량활동 시간에 학년 수준에 맞는 주제를 선정하여 책에서 제시한 관련 서적을 읽은 다음 내용 이해 활동이나 관련 활동을 하면 유익하리라 생각합니다. 이러한 활동을 통해 발달적 과제에 대한 고민을 나누고, 유익한 해결 방법을 발견하며 활용할 수 있도록 안내할 수 있으면 좋을 것입니다. 학급 단위로 운영하는 집단상담적 방법 못지않게 개인상담 장면에서도 밀도 있는 활용이 가능하리라고 생각합니다.

  책을 구성할 때는 학급 등 다수 학생을 대상으로 활동을 진행할 경우에 복사해서 쉽게 사용할 수 있도록 활동지 형태로 편집하였고, 주사위와 같은 활동 도구는 뜯어 쓰도록 별첨하여 쉽게 활용할 수 있도록 하였습니다. 이 책을 현장에 계시는 초등학교 선생님들뿐만 아니라 자녀교육에 관심이 많은 학부모님께서도 효과적으로 활용할 수 있기를 희망합니다.

경기초등상담연구회

차례
CONTENTS

독서치료의 이해 · 016

가족 갈등 엄마 아빠 내 마음을 봐 주세요! · 026
　　엄마, 화내지마

배려 내가 먼저? 네가 먼저! · 042
　　꿈틀이를 찾아 줘

성교육 아기는 어떻게 생겨요? · 056
　　윌리는 어디로 갔을까?

양성평등 성편견을 넘어 지혜롭고 행복한 내 삶을 꿈꾸며 · 072
　　아기돼지 세 자매

언어습관 바람직한 언어습관을 길러요 · 088
　　화내지 말고 예쁘게 말해요

게임 중독 게임 중독에서 구해 주세요! · 108
　　게임 중독에서 벗어나고 싶어!

왕따 왕따, 얼룩진 마음의 상처 · 126

　　까마귀 소년

자아존중감 세상에서 가장 소중하고 사랑스러운 나 · 142

　　내 귀는 짝짝이

정직 정직한 내가 될래요 · 160

　　갑수는 왜 창피를 당했을까

화 화가 나면 어떻게 하나요? · 176

　　화가 나는 건 당연해!

부록

가족 갈등 – 주사위 게임하며 생각 나누기
게임 중독 – 『게임 중독에서 벗어나고 싶어!』 리뷰하기

독서치료의 이해

가정이나 학교에서 어렵지 않게 접근하여 활용할 수 있는 심리치료 방법은 바로 독서치료일 것이다. 우리 주변에서 쉽게 구할 수 있는 매개체가 책이고, 독서를 통해 자기방어를 가장 적게 하면서 자연스러운 방법으로 경험과 생각을 이끌어 내 자기 자신을 표현할 수 있다. 이런 이유에서 독서치료는 문제 아동·청소년이 자신의 부적응 행동을 자연스럽게 발견하고 스스로 교정하게 하여 바람직한 방향으로 변화하도록 이끌고, 일반 아동이 지적, 정서적으로 바람직하게 성장하게 하는 효과가 있다.

독서치료의 이해

한국인 20대의 44.6%, 30대의 34.1%. 이 수치는 무엇을 나타내는 것일까? 이것은 놀랍게도 한국인의 사망원인 중 '자살'이 차지하는 비율이다. 한국인 20~30대 연령의 사망원인 중 반 정도가 스스로 목숨을 끊는 '자살'이라는 것이다. 이 놀라운 결과는 현대인들이 그만큼 많은 정신적·심리적 질병을 앓고 있다는 것을 보여 준다. 그 질병 중 하나가 바로 우울증이다.

특히 아동·청소년의 우울증은 최근 빠른 속도로 증가하고 있어서 사회문제로까지 대두되고 있다. 모든 일에 화나 짜증을 잘 내고, 자신의 미래에 대해 지나치게 부정적인 태도를 보이며, 심할 경우 비뚤어진 선택을 하게 되기 때문에 아동·청소년의 우울증은 개인적으로는 물론 사회적으로도 심각한 문제로 인식되는 것이다.

거리에서 '아동 심리 상담소' '청소년 마음 상담소' 같은 간판을 많이 보았을 것이다. 그만큼 마음의 병을 앓고 있는 아동과 청소년이 많이 있다는 얘기다. 이에 대한 치료와 예방이 시급히 요구되고 있다.

미술치료, 음악치료, 놀이치료, 영화치료 등 많은 방법이 이러한 아동·청소년을 위한 심리치료 기제로 활용되고 있다. 이 중 가정과 학교에서 그다지 어렵지 않게 접근하여 활용할 수 있는 심리치료 방법이 바로 '독서치료'다. 우리 주변에서 쉽게 구할 수 있는 매개체가 책이고, 독서를 통해 자기방어를 가장 적게 하면서 자연스러운 방법으로 경험과 생각을 이끌어 내 자기 자신을 표현할 수 있다. 책을 통해 문제에 접근하면 아이들은 자기가 처한 상황과 동일한 문제 상황을 다루면서도 자기 이야기라는 생각을 하지 않고 사건 자체를 객관화시킬 수 있어 방어가 줄고 자연스러운 방법으로 자기 자신을 표현할 수 있기 때문이다.

이런 이유에서 독서치료는 문제 아동·청소년이 자신의 부적응 행동을 자연스럽게 발견하고 스스로 교정하게 하여 바람직한 방향으로 변화하도록 이끌고, 일반 아동은 지적, 정서적으로 바람직하게 성장하게 하는 효과가 있다고 한다.

그러한 이유로 2001년 이후 우리나라에서도 '독서치료'에 대한 연구가 활발히 진행되어 왔고, 독서치료가 공공도서관, 초등학교 특별수업, 아동 심리 상담소 등 독서치료 관련 기관을 통해서 실제로 이루어지면서 많이 보편화되고 있다.

그럼 독서치료란 무엇이며, 어떻게 해야 하는 것일까? 우선 독서치료에 관해 궁금한 몇 가지를 알아보자.

1. 독서치료란 무엇일까?

독서치료를 뜻하는 '비블리오테라피(Bibliotherapy)'의 어원은 책을 의미하는 'biblio'와 치료를 의미하는 'therapy'가 결합된 합성어로, 문학이 치료적인 효과를 가졌다는 기본 가정에서 출발한 용어다. 책을 통한 치료 요법은 고대로부터 그 기원을 찾아볼 수 있다. 기원전 1000년경 고대 그리스의 도시 테베에 있었던 도서관에서 '영혼의 치유 장소'라는 현판이 발견되었으며, 기원전 300년경 이집트 알렉산드리아의 도서관에는 '정신의 양약'이라는 문구가, 중세 스위스의 장크트갈렌수도원의 묘역 도서관에는 '영혼의 보약고'라고 적힌 비문이 발견되기도 했다고 한다.

역사에서도 알 수 있듯이 독서치료란 책을 읽음으로써 마음의 상처를 다스리고 위로를 얻어 새로운 힘을 얻는 일련의 활동을 말한다. 아동부터 성인에 이르기까지 모두에게 가능하지만, 특히 성인에 비해서 의사 표현 능력이 부족한 아이들에게 책을 연결고리로 삼는 독서치료는 책에 기대어 편안하게 자신의 문제에 객관적으로 접근해 갈 수 있는 좋은 치료도구다.

예를 들어, 친구들에게 따돌림을 당한 아이는 자신과 비슷한 상황의 작품 속 주인공을 통해 억눌렸던 아픔과 분노를 꺼내 놓을 수 있다. 주인공과 자신을 위로하고, 상황을 객관화시킴으로써 책에서 보여 준 갈등 해결과 결말을 거울 삼아 자기의 길을 스스로 찾아볼 수 있게 된다. 이런 면에서 독서는 아이로 하여금 스스로 자신의 고민을 이해하고 받아들일 수 있도록 돕는 유용한 도구가 되는 것이다.

이처럼 어린이 독서치료는 어린이가 책을 통하여 다양한 경험을 함으로써 부담 없이 자신을 표현할 수 있도록 도와준다. 이러한 치료는 어린이들의 심리적인 문제와 성장 중에 겪는 어려움의 해결을 돕기 위해 계획된 것이라고 할 수 있다.

2. 좋은 책을 많이 읽으면 스스로 독서치료가 되는 것일까?

독서치료는 단순 독서와는 차이가 있다. 독서 후 행해지는 독후 활동이 내용 이해, 생각 키우기, 느낌 나누기가 목적이라면, 독서치료는 책을 매개체로 하여 아동의 마음의 문제를 해결하도록 돕는 것이 목적이다.

그래서 '발문'에 있어서도 차이가 있다. 독후 활동의 발문이 내용 이해, 창의력 키우기를 위한 발문이라면, 독서치료의 발문은 책과 아동의 상호 역동에 초점을 두거나 동일화, 카타르시스, 통찰이 생기도록 아동의 심리적 역동에 초점을 두고 발문을 한다.

이렇듯 아이가 책을 읽는 것만으로는 문제 해결의 직접적인 도움을 얻을 수 없다. 아이가 직면한 내면의 심리적 역동을 다루어 주어야 하는데, 이는 전문적인 영역이다. 전문적인 상담/치료 활동이 함께 요구된다. 아이가 겪는 어려움을 책을 통해 이해할 수 있도록 돕고, 나아가 내적 변화의 동기를 찾아 어려움을 해결하도록 돕는 상담 활동이 병행되어야 바람직한 독서치료가 이루어졌다고 볼 수 있다.

3. 어떤 책을 골라야 할까?

독서치료 프로그램에서 책을 선정하는 일을 대단히 중요하다. 따라서 프로그램 참여자인 아동의 상황과 문제에 적합한 책을 골라야 한다. 그 기준을 살펴보면 다음과 같다(원동연 외, 2005).

첫째, 책의 주제는 아동의 상황에 적용이 가능한 것이어야 한다.

책의 내용에서 자기의 상황이나 문제와 유사한 상황과 문제를 발견할 때 책에 등장하는 주인공 혹은 주변 인물과 자신이 동일하다고 느낄 수 있다. 이러한 동일시는 독서치료 책의 주제를 쉽게 이해할 수 있도록 하며 동일한 정서와 감정을 불러일으킨다.

둘째, 책의 내용은 아동의 특정한 문제나 요구에 대해 구체적이고 건설적인 접근 방법을 제시할 수 있어야 한다.

선정한 책이 참여자가 갈등하고 있는 문제에 대해 막연하거나 추상적인 해결책을 제시한다면 참여자가 스스로 자신의 문제를 해결하는 데 혼란을 줄 수 있다.

셋째, 인물의 자살이나 절망 등 독자에게 부정적인 영향을 주는 결말을 채택하는 도서는 적절하지 않다.

책의 내용 또는 삽화 속에 비극적인 요소가 있을 수 있다. 슬픔, 분노, 좌절, 절망 등의 감정 등과 같은 아픔의 감정은 아동이 자신의 감정을 비추어 보고 발산하는 데 필요한 요소다. 그러나 결론까지 절망적이라면 아동이 불안감이나 허무함을 떨치기 어렵다. 가급적이면 희망과 자신감을 주는 긍정적인 결말을 제공하는 책이 좋다.

넷째, 책이 아동의 연령과 독서능력에 적합해야 한다.

책은 아동의 연령이나 정신연령에 적합한, 이해하기 쉬운 자료이어야 한다.

다섯째, 문체가 간결하면서도 명확하여 내용을 효과적으로 전달할 수 있어야 한다.

간결하면서도 명확한 문체는 아동이 책을 읽으면서 내용을 정확하게 이해할 수 있도록 해 주며, 내용의 이미지와 개념을 보다 구체적으로 인식할 수 있도록 도와준다.

이렇게 책 선택 기준에 따라 책을 선택하는 것도 중요하지만, 무엇보다 중요한 것은 아동의 상황에 맞는 책을 고르는 것이다. 처음부터 좋은 책, 나쁜 책이라고 구분 짓지 말고 아동의 상황과 상담의 진행 과정에 맞추어 무엇을, 언제, 어떻게 사용할지 고민하여 선택한다면 자료의 범위와 상담 결과가 더 풍성해질 것이다. 때로는 아동이 책 선택에 직접 참여하게 하는 것도 효과적이다. 서점이나 도서관에서 자신이 원하는 책을 고르도록 하거나, 상담자가 선정해 놓은 몇 권 중에서 고르게 함으로써 아동의 현재 관심사와 상황을 파악할 수도 있다.

마지막으로, 흔히 독서치료의 자료로 '책'만을 사용하는 것이라고 생각하기 쉬운데, 그렇지 않다. 도서와 더불어 영화, 슬라이드, 일기, 음악, 시, 잡지, 사진 등 이야기를 나눌 수 있는 자료는 무엇이든 가능하다.

4. 독서치료는 어떻게 하는 것이 효과적일까?

독서치료를 효과적으로 하기 위한 방법을 정리해 보면 다음과 같은 것이 있다(명창순, 2008).

대화하기
모든 상담에서와 마찬가지로 독서치료에서도 대화하기는 기본 활동이다.

책의 내용을 매개로 하는 대화를 통해 참여 아동은 과거와 현재를 돌아보고 미래로 나아갈 수 있다. 일대일 개인상담이나 소규모 집단상담에서 효과적인 방법이다.

글쓰기

글쓰기는 생각과 마음을 한 번 더 정리한 후 표현하는 활동이기 때문에 좀 더 구체적이고 객관적으로 문제에 접근하는 방법이다. 내향적인 아동과 독서치료 활동을 하는 상황이나 여러 명이 참여해 개별적인 대화가 이루어지기 어려운 상황에서 적용하기 좋은 방법이다.

　예를 들면, 아동이 직면하기를 두려워할 때 '만약 그때 ○○이 선택할 수 있는 다른 방법은 없었을까?' '그 뒤 ○○이는 어떻게 되었을까?' 같은 글쓰기의 주제를 우회적으로 제시해 아동이 차차 '나'에게 접근하도록 유도할 수 있다.

이야기 만들기

혼자 작업하는 글쓰기와 다르게 상담자와 주고받는 이야기 만들기도 독서치료에서 사용하기 적합한 방법이다. 상담자가 아동의 감정을 놓치지 않고 따라가면서 개입해야 하는 어려움이 있지만, 풍부하고 긴밀한 상호작용의 효과가 있다. 책 접기 형식, 대화 형식 등이 있는데 이 때는 이야기를 녹음해 두었다가 나중에 글로 옮겨 정리하고 분석한다.

미술 활동

미술치료 프로그램을 활용한 미술 활동은 아동의 긴장을 풀어 주고, 작품을 창조적으로 완성해 나감으로써 치료 효과를 높일 수 있는 방법이다. 만화 그리기, 자화상이나 거울상, 인물 콜라주, 이야기 상상하기, 감정 그리기 등 제시된 자료와 연관해 작업할 수 있다. 또 찰흙이나 지점토, 밀가루, 상자, 종이 등을 이용한 만들기는 말하기나 글쓰기를 어려워하는 아동, 산만한 아동에게도 적합한 활동이다.

놀이 활동

책 속에 놀이가 나오는 경우 따라해 보거나 새로운 놀이를 만들어 함께 놀이 활동을 하는 것도 좋다. 친구들과의 관계, 규칙이나 차례 지키기 등을 점검하고 배울 수 있다.

역할극

책 속의 한 장면을 잡아내 실시하는 역할극은 과거의 부정적인 감정을 해소하거나 현재 부족한 면을 보완하고 앞으로 닥칠지 모르는 상황을 대비해야 할 때 도움이 된다. 집단 프로그램인 경우 참여하는 아동들이 즉흥적으로 만들어 내는 작업이 서로에게 영향을 주고 활력을 불어넣어 기대 이상의 효과를 보일 때도 있다.

이 밖에도 다양하고 새로운 방법을 적용하고 만들어 낼 수 있다.

가족 갈등·배려·성교육
양성평등·언어습관·게임 중독
왕따·자아존중감·정직·화

아이들은 성장 과정에서 여러 가지 어려움을 겪게 된다. 가족과의 갈등, 친구 관계에서의 왕따 문제, 언어습관이나 게임 중독과 같은 일상생활의 문제 등이다. 또한 초등학교 시기에 습득해야 할 배려, 정직, 자아존중과 같은 가치의 교육과 적절한 분노(화) 조절도 소홀히 할 수 없는 과제일 것이다. 이러한 문제나 과제들과 관련된 책을 읽고 내용을 이해하는 활동과 글쓰기, 게임, 역할극의 형태의 다양한 활동을 통해 바람직한 가치를 내면화하고, 문제에 대한 효과적인 해결 방안을 습득할 수 있는 기회를 갖게 될 것이다.

가족 갈등 엄마 아빠 내 마음을 봐 주세요!

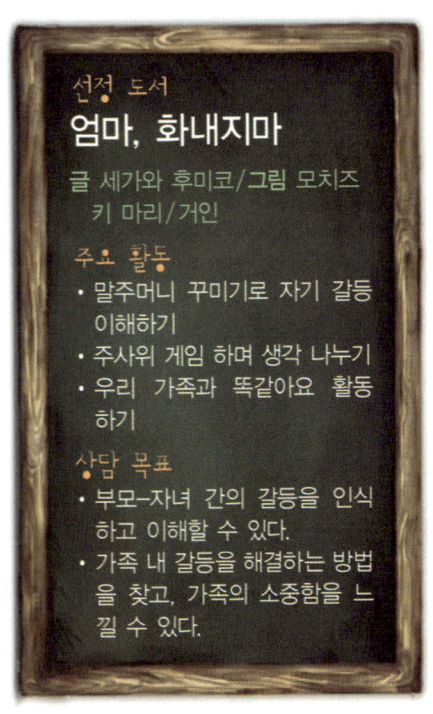

선정 도서
엄마, 화내지마
글 세가와 후미코/그림 모치즈키 마리/거인

주요 활동
- 말주머니 꾸미기로 자기 갈등 이해하기
- 주사위 게임 하며 생각 나누기
- 우리 가족과 똑같아요 활동하기

상담 목표
- 부모-자녀 간의 갈등을 인식하고 이해할 수 있다.
- 가족 내 갈등을 해결하는 방법을 찾고, 가족의 소중함을 느낄 수 있다.

"만약 내일 아침에 눈을 떴을 때 기적이 일어난다면 어떤 장면일까요?"
"엄마가 아침밥을 차려 주고 계세요."
학습에 의욕이 없고 말수가 적은 수철이다. 수철이 부모는 늦게까지 장사를 하느라 수철이를 돌볼 시간이 없다. 아이의 소원은 엄마와 함께 마트에 가서 사고 싶은 것을 사 보는 것이라 한다. 너무나 사소한 일상들이 해결되지 않을 때 아이는 마음속 깊숙이 분노를 쌓아갈 수밖에 없다. 그래서 인지능력에 문제가 없음에도 불구하고 학교에서 학습부진이 발생하는 경우를 살펴보면 부모와의 애착 형성, 관계 형성에 문제가 있는 경우를 많이 보게 된다.
민호의 어머니는 예의 바르고 규칙을 중시하는 완벽주의 부모 유형이다. 민호는 공부를 잘하고 가정도 아무 문제 없이 화목해 보이지만 늘 긴장하고 있고, 엄마의 지시나 허락이 없으면 스스로 작은 결정도 내리지 못하는 불안함을 가지고 있다. 이런 아이들은 학교에서도 아주 사소한 결정이 필요한 순간에도 "엄마한테 물어보고요……."를 입에 달고 있다. 완벽주의 부모들은 자녀를 너무나 사랑하고 자녀에 대한 아낌없는 지원과 희생까지도 마다하지 않는다. 하지만 부모 중심적으로 사랑을 표현했기 때문에 자녀를 의존적이고 불안하게 만드는 등 자녀가 성장하면서 부모-자녀 관계에 문제가 발생하게 된다.

이외에도 친밀감이 없고 무관심한 부모로 인해 감정이 없는 아이, 과보호로 인해 규칙을 무시하고 사회성이 부족한 아이, 바쁘고 자기 중심적인 부모로 인해 공격적이거나 그와 달리 의욕이 없는 아이 등 부모-자녀 관계는 다양한 모습으로 아이의 행동에 큰 영향을 미친다.

어른들도 진심을 담은 대화를 할 때 "내가 어렸을 때 우리 어머니가, 우리 아버지가…… 나를 …… 대했다"고 어렵게 어린 시절의 경험을 이야기한다. 자신의 고통스러운 감정을 드러내어 친밀한 사람에게 위로 받고, 상처를 치유하는 모습을 영화나 드라마 속에서도 종종 볼 수 있다. 이렇듯 부정적인 어린 시절의 부모-자녀 관계는 어른이 되어서도 한 사람의 삶에 영향을 줄 수 있는 중요한 부분이 된다.

사춘기에 드러나는 게임 중독, 가출, 비행, 집단괴롭힘 등의 청소년 문제 또한 부모와 자녀의 소통 부족과 관계맺음의 문제에서 시작되어 발전된 문제임을 간과할 수 없다. 이 책은 부모와의 원활한 의사소통을 통한 가족 갈등 해결을 보여 주고 있는 그림책이다. 다른 사람의 마음을 읽을 수 있는 소통법을 이해하여 가족 내 갈등을 이해하고, 갈등을 해결하려고 노력하는 과정에서 가족에 대한 관심과 가족의 소중함을 느낄 수 있을 것이다.

선정 도서

엄마, 화내지마
글 세가와 후미코 | 그림 모치즈키 마리 | 거인 | 33쪽

친구와 다투고 집에 돌아온 예림이에게 엄마는 "네가 먼저 민수를 괴롭혔지?" "휴, 정말 넌 왜 항상 자기 멋대로 굴고 잘 삐치니!" 하며 비난하는 말을 한다. 아빠는 "다른 친구들과 놀아라." 하고, 오빠는 "민수가 괴롭혔으면 너도 민수를 괴롭혀!" 하며 설득하는 말을 한다. 예림이는 계속 마음이 불편하고 우울해진다.

그런데 할머니가 "우리 예림이가 민수랑 싸워서 마음이 아픈 게로구나. 민수와 화해하고 싶은데 화해하는 방법을 몰라서 고민하는 거지?" 하고 말씀해 주시자 예림이는 민수를 미워했던 마

음도 사라지고 갑자기 마음이 따뜻해짐을 느낀다. 그리고 엄마와 아빠는 듣지 못하는 예림이 마음속 말을 알아듣는 할머니의 '마법의 귀'에 대해 관심이 생긴다.

　마법의 귀는 마음속 깊은 곳에서 들리는 목소리에 귀를 기울이고 그것을 솔직하게 말하는 것이다. 예림이는 모두가 마법의 귀를 가지고 있음을 알고, 자신의 마음속 목소리를 용기 내어 꺼내 보기로 결심한다. 마음속 목소리로 말하는 '마법의 귀'를 통해 가족 간의 소소한 갈등이 해결되는 과정을 보여 준다.

 TIP

도서 활용
- 부모와 자녀와의 소통의 중요성을 이해하고 실천해 보는 용기를 얻는다.
- 가족 내 소통이 부족해서 일어났던 경험을 이야기해 보고, 나-전달법이나 비폭력대화법과 관련하여 효과적인 의사소통 기술을 이해하고 연습해 보는 것도 좋다.
- 작가가 어린이들의 눈높이에 맞게 '마법의 귀'라는 용어를 만들었는데, 상상력이 풍부한 어린이들이 '마법의 귀'를 자신의 삶 속에서 어떻게 활용할 수 있을지 기대해 본다.

중심 활동 1

『엄마, 화내지마』 리뷰하기

『엄마, 화내지마』를 함께 읽고 주인공의 마음을 헤아려 본다.

학생 활동지 살펴보기

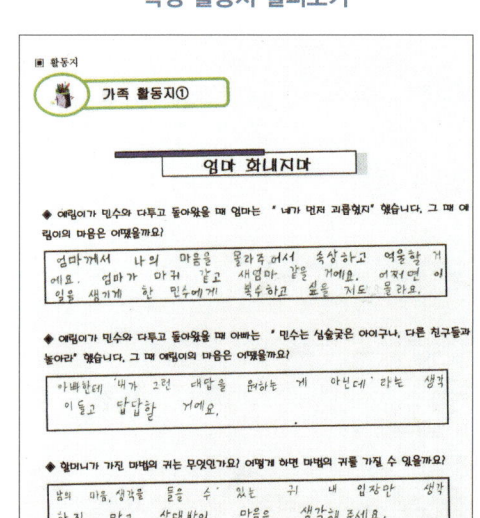

- 예림이가 민수와 다투고 돌아왔을 때 엄마는 "네가 먼저 괴롭혔지."했습니다. 그때 예림이의 마음은 어땠을까요?
- 예림이가 민수와 다투고 돌아왔을 때 아빠는 "민수는 심술궂은 아이구나. 다른 친구들과 놀아라."했습니다.
그때 예림이의 마음은 어땠을까요?
- 할머니가 가진 '마법의 귀'는 무엇인가요? 어떻게 하면 마법의 귀를 가질 수 있을까요?
- 여러분은 가족 중 누구에게 마법의 귀를 선물하고 싶나요? 왜 그렇게 생각하나요?

엄마, 화내지마

- 예림이가 민수와 다투고 돌아왔을 때 엄마는 "네가 먼저 괴롭혔지." 했습니다. 그때 예림이의 마음은 어땠을까요?

- 예림이가 민수와 다투고 돌아왔을 때 아빠는 "민수는 심술궂은 아이구나. 다른 친구들과 놀아라." 했습니다. 그때 예림이의 마음은 어땠을까요?

- 할머니가 가진 '마법의 귀'는 무엇인가요? 어떻게 하면 마법의 귀를 가질 수 있을까요?

- 여러분은 가족 중 누구에게 마법의 귀를 선물하고 싶나요? 왜 그렇게 생각하나요?

 중심 활동 2

말주머니 꾸미기를 통한 자기 갈등 이해하기

- 『엄마, 화내지마』 삽화를 활용한 말주머니 꾸미기를 통해 갈등하는 엄마와 아이의 입장을 살펴본다.
- 화나 있는 엄마(부모님)의 입장에서 자신의 경험을 떠올리며 마음의 소리를 읽어 본다.
- 속상한 나(자녀)의 입장에서 자신의 경험을 떠올리며 마음의 소리를 읽어 본다.

 **TIP**

갈등 장면 그림을 확대하여 칠판에 붙이고, 학생은 포스트잇에 엄마와 아이의 갈등을 작성하여 칠판에 붙여 보면서 친구들과 생각을 나눌 수 있다. 엄마와 아이의 포스트잇 색깔을 구별하여 사용하면 좋다.

활동지 복사해서 활용하세요!

말주머니 꾸미기

 중심 활동 3

주사위 게임하며 생각 나누기

- 책의 맨 뒤에 있는 주사위 전개도로 주사위를 만든다.
- 모둠(친구, 가족)별로 순서를 정해 주사위를 던진다.
- 주사위를 던졌을 때 나온 문제를 읽고 자신의 생각을 말한다.
- 모둠원이 번갈아 가며 이야기하고, 친구(가족)들의 이야기를 들으며 서로 공감할 수 있는 시간이 되도록 한다.

 **선택 활동**

우리 가족과 똑같아요

- 가족 구성원을 여러 가지로 상징물로 비유해 보는 활동이다.
- 가로칸에는 가족 구성원을 한 칸에 1명씩 적는다. 각각의 구성원들에게 어울리는 동물, 색, 촉감, 사물을 생각하여 적는다.
- 가족 구성원의 특징, 성격, 행동을 고려하여 가장 어울리는 상징물을 찾도록 하고, 그 이유도 설명할 수 있도록 간단한 내용을 함께 적는 것도 좋다.
- 친구들 앞에서 자신의 가족을 소개할 수 있고, 모둠별로 돌아가면서 발표하기를 통해 서로의 가족을 소개하도록 한다.
- 부모님을 바라보는 관점, 형제자매를 바라보는 관점 등이 다양할 수 있고, 서로 공통점과 차이점을 찾아보면서 공감하고 가족을 이해하는 태도를 배울 수 있다.
- 활동을 하며 느낀 점을 서로 나누도록 한다.

- 동물로 표현한다면?
- 색으로 표현한다면?
- 감촉으로 표현한다면?
- 사물로 표현한다면?

학생 활동지 살펴보기

우리 가족과 똑같아요

◆ 가족을 다양한 상징으로 나타내 보세요.

가족구성원 비유	나	엄마	아빠	동생	
동물로 표현한다면?	여우 교활하고 비열하다. 잔머리 많다.	소 나를 따뜻하게 사랑해주시기 때문이다.	뱀 똑똑하고 현명하지만 나쁜 아빠	앵무새 시끄럽고 말 잘하기 때문에	
색으로 표현한다면?	빨간색 잔인하고 교활한 느낌	하얀색 깨끗하고 예쁜 우리 엄마	검은색 주로 어두운 밤에 일하는 야행성 느낌	초록색 밝고 명랑한 느낌	
감촉으로 표현한다면?	날카로운 느낌 내 말이 남에게 상처를 남겨서	둥근 느낌 모서리가 없고 날카롭지 않은 느낌	뭉툭한 느낌 조금은 인자하고 자상한 느낌	까끌까끌한 느낌 찝찝하고 지저분한 까끌한 느낌	
사물로 표현한다면?	날카로운 송곳 남의 마음을 긁기 때문이다.	큰 상자 어떤 마음이나 물건들을 다 담을 수 있는 상자	가위 딱 자르고 깨끗한 단호하다.	장난감 장난스러운 귀여운 장난감	

036 가족 갈등

활동지 복사해서 활용하세요!

우리 가족과 똑같아요

비유 \ 가족 구성원	나	엄마	아빠	...
동물로 표현한다면?				
색으로 표현한다면?				
감촉으로 표현한다면?				
사물로 표현한다면?				

🎈 수업을 마치고… 아이들 생각

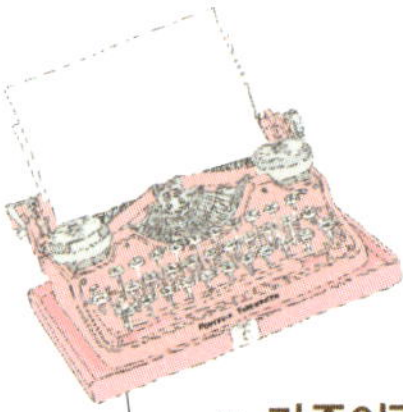

- 가족갈등 수업을 통해 새롭게 알게 되었거나 나에게 도움이 된 것은 무엇인가요?
- 마법의 귀는 자기의 속마음을 말한다는 걸 알았어요.
- 가족에 갈등이 생겼을 때 갈등을 해결하려고 서로 노력하는 것이 중요해요.
- 가족 때문에 속상하다고 무조건 화를 내지 말고 솔직하게 마음을 말해 봐야겠어요.
- 걱정이 있을 때 부모님께 솔직하게 말하는 게 중요하다는 것을 알았어요.
- 가족들의 입장을 생각해 보면서 내 마음을 말하면 좋을 것 같아요.

우리들의 가치사전

■ 가족이란?
- 가족은 소파다. 편안하게 쉴 수 있기 때문이다.
- 가족은 보급부대다. 뭐든지 필요하면 아낌없이 주는 곳이기 때문이다.
- 가족은 신호등이다. 하면 안 될 일과 해도 되는 일을 알려 주기 때문이다.
- 가족은 내 몸 속 뼈다. 항상 나와 함께하고 붙어 있기 때문이다.

가족이란 아이들에게 자기 존재감을 느끼게 해 주는 가장 소중한 곳으로 평생 마음이 건강한 사람으로 살아갈 수 있는 에너지를 얻는 무엇과도 바꿀 수 없는 소중한 보물창고!

수업을 마치고… 선생님 생각

　부모님과 갈등했던 경험을 떠올리며 "아빠는 위선자야! 밖에서는 착한 척 하면서 집에서는 나쁜 행동을 하고, 아빠는 내 흉을 보면서 내가 아빠 흉을 보면 너무 싫어해!"라고 표현했던 학생이 인상적이다. 차마 말로는 할 수 없지만 마음속에 숨겨 놓았던 부모님을 향한 분노를 거침없이 쏟아내는 용기에 박수를 보내고, 학생들이 서로의 아픈 마음을 위로하며 "우리 엄마도 그래!" "우리 아빠도 그러는데!" 맞장구를 쳐 주는 장면에서 그동안 소소한 갈등으로 생겼던 상처가 치유되었다.

　가족 구성원을 동물, 색, 감촉, 사물의 다양한 상징물로 비유해 보는 활동에서 아이들은 엄마와 아빠를 소, 개미, 캥거루 등으로 상징되는 열심히 자식을 돌봐주는 긍정적인 존재이거나 사자나 호랑이, 늑대로 야단치는 무섭고 부정적인 존재로 나타냈다. 또 스스로는 자신을 고집이 있는 황소나 성난 망아지, 느린 거북이, 거짓말을 잘 하는 여우로 나타내는 등 단점을 인정하며 재치 있게 표현하는 모습이 흥미로웠다. 상처를 주는 사람을 바늘, 유리, 칼로 표현했고, 따뜻한 사람을 의자, 연어스테이크, 침대, 라디오, 인형 등으로 표현했다. 가족 구성원 하나하나를 떠올리며 자신과 어떤 관계에 있고, 내가 그 존재를 어떻게 느끼는지 알아보는 활동을 통하여 가족의 소중함을 느끼는 시간을 보냈다.

　가정은 공동체의 시작이고 자기 존재감을 느끼게 해 주는 가장 중요한 장소로, 가족은 무엇과도 바꿀 수 없는 소중한 보물이다. 아이들이 가족 안에서 자존감을 키우고 부모와 맺은 건강한 관계를 통하여 다른 사람을 이해하고 다른 사람과 좋은 관계를 맺을 수 있도록 학교와 사회 차원의 부모교육이 매우 중요하다.

　부모의 이혼이나 죽음 등으로 인한 한부모가정, 조부모가정의 학생이 학급에 있을 때에는 그 학생을 배려하며 조심스럽게 접근해야 할 부분이 있음을 기억해야 한다. 그런 학생의 경우에는 개인상담을 통하여 스스로 부모에 대한 분노나 죄책감을 다룰 수 있도록 도와야 할 것이다.

관련 도서 소개

돼지책
글·그림 앤서니 브라운 | 웅진닷컴

집안일을 엄마에게만 맡기고 편안함을 즐기는 아빠와 아들에게 엄마는 "너희들은 돼지야." 라는 메모를 남기고 집을 나간다. 엄마가 사라지자 집은 어느새 돼지우리가 되고, 아빠와 아들은 돼지의 모습으로 변해 간다. 엄마 자리의 소중함을 깨달아 갈 때 드디어 엄마가 집으로 돌아오고, 가족들은 함께 집안일을 해 나가기 시작한다.

이해 TIP 행복한 가정을 이루려면 가족 구성원이 모두 협력해서 각자의 몫을 해야 한다는 가족 역할 갈등에 대한 생각이 진지하게 전개되지만 재미있는 대사와 숨겨 놓은 돼지 그림들이 재미와 이해력을 높여 준다. "너희들은 돼지야." 라는 메모를 남기고 집을 나가버린 엄마의 빈자리를 경험하면서 가족 내 역할이 협조적일 때 가족 구성원 모두가 행복할 수 있음을 이야기한다. 피곳 씨, 피곳 부인, 아이들과 가상 인터뷰 활동을 해 본다면 가족 구성원의 역할 갈등에 흥미롭게 접근해 볼 수 있을 것이다.

집 나가자 꿀꿀꿀
글·그림 야규 마치코 | 웅진닷컴

날마다 싸우고 말 안 듣는 돼지 삼형제는 "엄마 말 안 듣는 아이는 우리 집 아이가 아니야, 나가." 하는 꾸중에 화가 나 집을 나간다. 삼형제는 토끼네, 악어네, 까마귀네 아이가 되려 하지만 자기들이 싫어하는 일을 시키기는 마찬가지다. 아기 돼지 삼형제는 엄마의 잔소리가 지겨워 집을 나와 엄마의 잔소리가 없는 멋진 집을 찾아보지만 그런 곳은 없다. 엄마 품의 소중함을 깨달은 아기 돼지들은 다시 집으로 돌아온다.

이해 TIP "너 같은 애 내 자식도 아니야!" "너는 우리 집 골칫덩이다." 등 아이가 부모님에게 비난이나 거부의 말을 들었을 때의 죄책감, 수치심, 상실감 등을 공감할 수 있다. 아기 돼지 삼형제가 엄마의 잔소리를 피해 집을 나가 버리는 장면을 통하여 잠시 대리만족을 얻을 수 있지만 결국 자신의 존재감과 행복감을 느낄 수 있는 곳은 엄마가 있는 집임을 깨닫게 되는 과정을 통하여 가족의 소중함을 느낄 수 있다.

혼나지 않게 해 주세요
글 구스노키 시게노리 | 그림 이시이 기요타카 | 베틀북

집에서나 학교에서나 매일 혼나는 아이는 마음속에 분노를 쌓으면서 가족과 갈등을 빚기 시작한다. 아이가 학교에서 소원나무 만들기를 하는 시간에 "혼나지 않게 해 주세요."라고 적은 글로 인해 선생님에게 사실이 알려지고, 선생님의 도움으로 아이는 가족과의 갈등과 그로 인한 억울함, 응어리를 해소해 나갈 수 있게 된다.

이해 TIP 굳게 닫힌 아이의 마음을 어루만지는 묘약은 어떤 장황한 설교나 훈시가 아닌 선생님의 작은 칭찬 한마디였다. 자기가 나쁜 아이인 것 같아 밤잠을 설치던 아이가 선생님의 칭찬 한마디에 세상 누구보다 행복한 아이가 되고 앞으로 더 착한 아이가 되겠다고 결심하는 장면에서, 아이를 바꾸는 가장 큰 힘은 혼내는 것이 아닌 따뜻한 한마디의 말이 될 수 있음을 깨닫게 된다. 가족 간 따뜻한 말이 담긴 쪽지를 전하는 활동을 함께 하면 효과적일 것이다.

마법의 설탕 두 조각
글 미하엘 엔데 | 그림 진드라 케펙 | 한길사

자기가 해 달라는 것마다 안 된다고 말하는 엄마 아빠에게 화가 난 렝켄은 요정을 찾아가 "안 돼!"라고 말할 때마다 키가 반으로 줄어드는 마법의 설탕 두 조각을 얻는다. 엄마 아빠의 키가 손톱 크기만큼 줄어들자 두려움을 느낀 렝켄은 요정에게 "엄마 아빠를 되돌려 주세요."라고 호소하고, 지혜로운 요정은 렝켄과 부모를 화해시킬 절묘한 마법을 선물한다.

이해 TIP 이제 갓 초등학교에 입학한 소녀는 가족 갈등을 어떻게 이해하고 있을까? 초등학생의 인식 수준으로는 부모가 자신을 억압하는 것을 힘의 크기와 수의 논리로 이해할 가능성이 크다. 그래서 주인공이 요정에게 부모가 자기보다 크고, 두 사람이라서 대적하기 힘들다고 호소하는 장면에서 아이들은 큰 공감을 할 수 있을 것이다. 부모와 자녀의 행복한 관계맺음을 고민해 보고, 자기 가족의 갈등을 들여다보며 해결책을 모색하는 과정을 통하여 가족 갈등에 대한 인식과 그 갈등을 해결해 가는 성숙한 삶의 태도를 이해해 보는 의미 있는 과정이 될 것이다.

배려 내가 먼저? 네가 먼저!

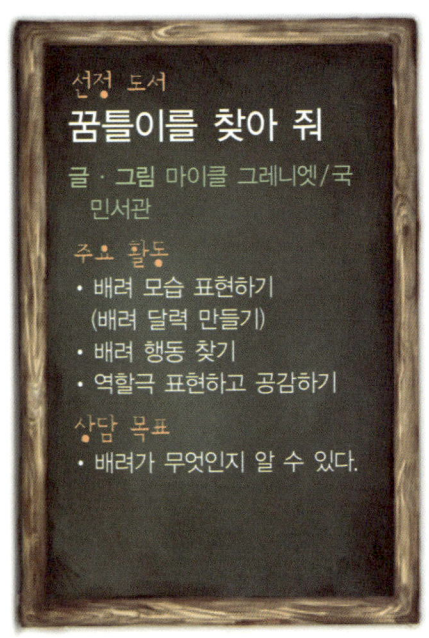

선정 도서
꿈틀이를 찾아 줘
글·그림 마이클 그레니엣/국민서관

주요 활동
- 배려 모습 표현하기 (배려 달력 만들기)
- 배려 행동 찾기
- 역할극 표현하고 공감하기

상담 목표
- 배려가 무엇인지 알 수 있다.

"네가 먼저 그랬잖아."
"싫어. 넌 못하잖아."

교실에서 자주 들리는 말 중 하나다. 놀이를 할 때 친구가 잘하지 못하면 끼워 주지 않는다. 운동을 할 때도 잘하는 친구들은 패스를 하지 않고 자기 혼자 공을 끌고 가려고만 한다. 뒷자리에서 칠판이 안 보이면 뒷자리의 친구는 앞에 앉은 친구에게 비키라고 하고, 앞자리의 친구는 네가 알아서 보라고 실랑이를 한다.

가족 형태가 핵가족화되어 가며 점점 개인주의적 성향이 강해지기 때문일까? 학교에서 가르치다 보면 요즘 아이들은 다른 사람의 입장을 이해하려는 노력이 부족하다는 느낌을 많이 받는다. 이기적인 행동을 많이 보인다. 양보는 손해라고 생각하는 분위기, 함께하는 친구가 아니라 경쟁상대인 친구. 놀이를 할 때도 이겨야만 한다. 하다 보면 금을 밟을 수도 있고, 스칠 수도 있는데 그걸 속인다. 그러면 이번에는 다른 친구가 그것을 찾아내고 억울해한다. 함께 즐기지 못하는 불쌍한 아이들이 보인다. 아무리 경쟁사회라고 해도 이런 분위기 속에서 아이들이 행복할 수는 없다. 아이들만 그런다고? 아이는 어른의 자화상이다.

  마음을 따뜻하게 하는 "괜찮아." "네가 먼저 해." "고마워."가 많이 들리는 교실 분위기를 형성하기 위해서는 학기 초부터 서로 배려하는 마음을 갖고 행동하도록 지속적으로 알려 주어야 한다. 아이들이 친구들과 맞춰 가고 양보하며 지내기를 어려워하기 때문에 이런 분위기를 형성하는 데 많은 노력이 든다. 하지만 배려하고 양보하는 분위기가 형성되면 아이들의 학교생활은 참으로 행복해진다. 아이가 양보와 배려가 몸에 밴 어른으로 성장한다면 사회도 따뜻해지리라 믿는다. 배려를 통해 우리 모두가 행복해질 수 있다.

  배려 교육은 꼭 필요하다. 이 한 시간의 수업만으로는 부족하겠지만 이 수업을 통하여 배려가 무엇인지, 내가 배려해야 하는 이유를 깨달을 수 있다. 배려의 사전적 정의가 아닌, 일상생활에서 누구나 경험하는 자연스러운 예시 상황을 통해 아이들이 배려에 친근하게 다가갈 수 있도록 하는 것이 중요하다. 수업 활동에 그치지 않고 실제로 배려하는 방법을 알고 실천하는 모습까지 이끌어 내면 더 좋겠다.

선정 도서

꿈틀이를 찾아 줘
글·그림 마이클 그레니엣 | 국민서관 | 30쪽

어느 날 저녁, 해가 지기 전에 잘 곳을 찾던 꿈틀이는 커다란 나무에 길쭉하게 뻗은 나뭇가지 하나를 발견한다. 나뭇가지는 꿈틀이가 몸을 쭈욱 뻗고 자기에 딱 알맞았다. 그런데 꿈틀이가 살며시 눈을 감고 잠을 청하려는 순간 거미가 그곳에서 같이 자도 되는지 묻고, 꿈틀이는 몸을 조금 줄여 자리를 내어 준다. 그리고 꿈틀이가 잠을 청하려고 할 때마다 계속 벌레 친구들이 날아온다. 그때마다 양보를 해 준 꿈틀이의 몸은 점점 더 작아진다. 풍뎅이까지 한 구석을 차지하게 되자 꿈틀이의 모습은 완전히 사라지고 만다.

하지만 벌레 친구들은 모두 너무나 피곤해서 꿈틀이가 사라진 줄도 모르고 친절한 꿈틀이의 꿈을 꾸며 잠이 든다.

다음 날 아침, 잠에서 깬 벌레 친구들은 그제야 꿈틀이가 없어진 것을 알게 된다. 친구들은 편안한 잠자리를 내어 준 꿈틀이에게 다시 한 번 고맙다는 인사를 하고 싶어 숲 속에 꿈틀이를 찾는다는 포스터를 붙이지만 찾을 수 없다.

꿈틀이는 도대체 어디로 간 것일까?

TIP

도서 활용
- 이야기를 나누며 '배려'라는 가치를 자연스럽게 알고 느낄 수 있게 한다.
- 배려하는 주변 사람들의 모습이나, 배려하는 방법에 대해서 구체적으로 이야기를 나눌 수 있다.
- 자신의 행동을 반성하거나 고마워하는 마음을 갖고, 일상생활에서 배려를 생활화하도록 유도할 수 있다.

 중심 활동

『꿈틀이를 찾아 줘』 리뷰하기

아이들과 함께 『꿈틀이를 찾아 줘』를 읽고 활동지의 질문을 활용해 책의 내용을 이해해 본다.

학생 활동지 살펴보기

- 꿈틀이는 왜 자리를 양보했을까요? 그때 꿈틀이의 마음은 어땠을까요?
- 꿈틀이가 사라졌을 때 곤충 친구들은 어떤 마음이었을까요? 그렇게 생각한 이유도 적어 봅시다.
- 만약 내가 꿈틀이라면 친구들이 찾아왔을 때 어떻게 했을까요?
- 꿈틀이처럼 누군가를 배려한 적이 있나요? 그때의 상황과 마음에 대하여 적어 봅시다.
- 꿈틀이가 곤충 친구들에게 그런 것처럼 누군가 나를 배려한 적이 있나요? 그때의 상황과 마음에 대하여 적어 봅시다.

활동지 복사해서 활용하세요!

꿈틀이를 찾아 줘

- 꿈틀이는 왜 자리를 양보했을까요? 그때 꿈틀이의 마음은 어땠을까요?

- 꿈틀이가 사라졌을 때 곤충 친구들은 어떤 마음이었을까요? 그렇게 생각한 이유도 적어 봅시다.

- 만약 내가 꿈틀이라면 친구들이 찾아왔을 때 어떻게 했을까요?

- 꿈틀이처럼 누군가를 배려한 적이 있나요? 그때의 상황과 마음에 대하여 적어 봅시다.

- 꿈틀이가 곤충 친구들에게 그런 것처럼 누군가 나를 배려한 적이 있나요? 그때의 상황과 마음에 대하여 적어 봅시다.

 선택 활동

배려 모습 표현하기 (배려 사전이나 배려 달력 만들기)

- 교사는 다음에 제시되어 있는 학급 내에서 타인을 배려할 수 있는 상황을 읽어주고 그림이나 글로 표현하게 한다.
- 만화나 시화 형태로 그려서 표현해도 좋고 저학년인 경우 그림틀을 작게 제시하여 그림을 그리는 데 많은 부담을 주지 않도록 한다. 완성된 작품을 모아 교사가 책으로 꾸며 교실에 전시한다. 달력 형태로 만들어 학급문고에 비치해도 좋다. 세워 놓는 달력이나 거는 달력 등 어느 형태로든 좋다.

친구를 위한 배려

배려란, 친구가 넘어졌을 때
배려란, 친구가 야단맞고 있을 때
배려란, 친구의 시험 성적이 나쁠 때
배려란, 친구가 울고 있을 때
배려란, 친구가 운동을 잘 못할 때
배려란, 친구와 재미있는 책을 동시에 발견했을 때
배려란, 급식시간에 줄을 설 때 내가 배가 고프더라도
배려란, 내 밑에 떨어진 쓰레기가 내 것이 아니더라도
배려란, 내 짝꿍이 교과서를 안 가져왔을 때
배려란, 친구가 준비물을 안 가져왔을 때
배려란, 이야기를 나누다 친구가 착각하여 잘못 말하더라도
배려란, 우리 반 1인 1역할을 하기 싫더라도
배려란, 내 옆 짝꿍이 의자에서 일어나 나갈 때
배려란, 먹기 싫은 반찬이 있어도, 없어서 못 먹는 다른 나라 친구를 위해

배려란, 장애를 가진 친구가 같은 반이 되면
배려란, 엄마 아빠가 외국인인 친구의 얼굴색이 달라도
배려란, 뚱뚱한 친구를 놀리는 대신
배려란, 매번 달리기 꼴찌를 하는 친구를 위해
배려란, 다리를 다친 친구가 목발을 짚고 학교에 오고 갈 때
배려란, 급식에 나온 간식이 하나 부족할 때

학생 활동지 살펴보기

역할극 표현하고 공감하기

- 구체적인 배려 행동이 있는 상황을 제시하고 자신이 받은 감동적인 배려에 대해서 역할극으로 표현한다. 모둠별로 역할극을 꾸며 다른 모둠 앞에서 시연해 본다.
- 친구들의 역할극을 본 뒤 같은 경험을 한 친구는 손을 들어 자신이 겪은 경험은 어땠는지 발표한다.
- 즐거움을 가미하는 요소로 친구들의 '나도 그랬어.' 공감을 많이 얻은 모둠을 함께 찾아본다.

배려 행동 찾기

- 모둠별로 영화관, 도서관, 집, 학교 등 장소나 상황을 제시하고 그곳에서 배려하는 행동을 찾는다.
- 찾은 다양한 배려 사례를 사과 포스트잇에 적어 붙여서 모둠별로 꾸민다.
- 교실 뒤쪽이나 벽면에 나무 형태를 만들어 놓고 나뭇가지에 열매처럼 사과 포스트잇을 붙이면 학급환경 구성에도 이용할 수 있다.

배려 모습 실천하기

- 공책이나 기록장에 자신이 타인을 배려한 행동을 기록한다.
- 우리반 꿈틀이를 찾아 추천한다.
- 배려를 실천할 수 있도록 지속적으로 학급에서 지도하기 위해 적절한 보상체계를 갖추는 것도 학생들의 의지를 고양시키는 데 도움이 된다.

배려송, 광고 만들기

간단한 동요에 맞추어 가사를 바꾸어 배려송을 만들거나 공익광고를 만들어 발표한다.

학생 작품 살펴보기

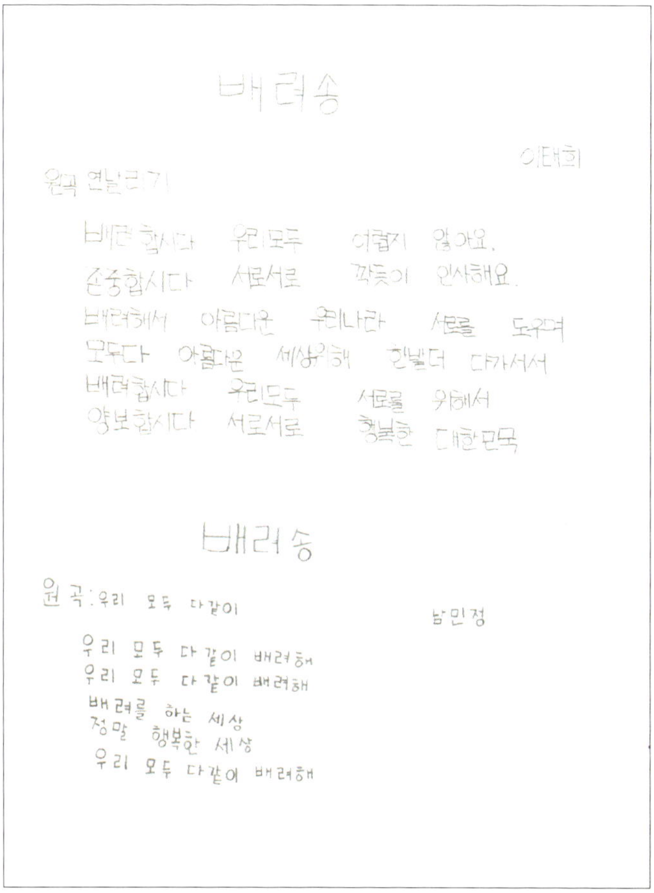

배려송

이태희

원곡: 연날리기

배려합시다 우리모두 어렵지 않아요
존중합시다 서로서로 깍듯이 인사해요
배려해서 아름다운 우리나라 서로 도우며
모두다 아름다운 세상위해 힘냅시 다가서서
배려합시다 우리도두 서로를 위해서
양보합시다 서로서로 행복한 대한민국

배려송

원곡: 우리 모두 다같이

남민정

우리 모두 다같이 배려해
우리 모두 다같이 배려해
배려를 하는 세상
정말 행복한 세상
우리 모두 다같이 배려해

우리들의 가치사전

■ **배려란?**
- 배려란 나보다 한 발짝 다가가서 남을 먼저 생각하는 것이다.
- 배려란 보석이라고 생각한다. 왜냐하면 사람을 잘 도와주고 존중해 주며 배려하는 것은 보석처럼 빛나기 때문이다.
- 배려란 상호존중이다.
- 배려란 남에게 베풀고 봉사하며 나누는 것이다.

선생님 한 줄 정의 배려란 남을 생각해 주는 마음. 세상과 사람들을 따뜻하게 해 주는 마법.

수업을 마치고... 선생님 생각

새 학기를 맞이하여 아이들이 배려하는 모습을 지녔으면 좋겠다는 마음이 들 때, 양보하지 않을 때 이 '배려' 관련 수업을 하면 아이들이 생각할 시간을 가질 수 있어 좋다. 교사가 직접『꿈틀이를 찾아 줘』를 읽어 주어도 좋고, 플래시 동화로 만들어 들려주어도 좋다.

아이들은 꿈틀이처럼 배려한 적이나 배려 받은 경험에 대해서 이야기를 나눌 때 어려워할 수 있다. 이때, '고마웠던 일, 고마움을 준 경험'이라고 감정 쪽에 초점을 맞추어 쉬운 단어로 설명하면 아이들의 이해를 도울 수 있다. 지하철에서 자리를 양보하거나 교실에서 준비물을 빌려준 일 등 주변에서 쉽게 한 경험을 토대로 이야기를 나누면 된다.

친구를 위한 배려 상황을 제시하고, 배려 사전을 함께 만드는 과정에서 아이들은 스스로 배려란 다른 사람을 위한 것이며, 어려운 것이 아니라 쉽게 할 수 있는 것임을 알아갈 수 있다. 모든 활동을 마치고 "과연 꿈틀이는 어디 있을까?"라는 질문을 던지면 다시 한 번 진지하게 생각해 볼 수도 있다. 그리고 그것을 자신에게 적용할 수 있도록 "우리 반에도 꿈틀이가 있지 않을까?"라고 이야기해 주면 더욱 좋다.

이 수업 후 깨달음을 실천으로 이어지게 하는 가장 어려운 과정이 남았다. 배려를 많이 하는 친구를 뽑아 보거나, 자성예언처럼 이 달의 인사말을 "배려하겠습니다."로 정하는 등 많은 방법이 있다. 지속적으로 실천하게끔 꾸준히 독려하여 배려심 깊은 아이들이 되도록 노력하면 바람직하다.

관련 도서 소개

아름다운 가치사전
글 채인선 | 그림 김은정 | 한울림어린이

감사, 겸손, 행복 등 일상생활에서 흔히 접하면서도 그 진정한 의미에 대해 정확히 알거나 설명하기 어렵다고 느끼는 가치들이 실려 있다. 의미를 알고 있어도 설명하기에 어렵게 느껴지던 가치 관련 단어를 이 책에서는 아이들의 눈과 수준으로 매우 쉽게 설명해 놓아 아이가 스스로 아름다운 가치를 깨달을 수 있도록 도와준다. 일상 속의 구체적인 상황을 통해서 스스로 가치를 이해하고 받아들임으로써 올바른 가치관을 확립할 수 있게 해 준다.

이해 TIP 이 책에는 스물네 가지의 가치를 상황이나 예시를 통하여 정의하고 있다. 삽화나 책의 내용을 통해 가치를 알도록 하고 여러 가치를 받들여 자신만의 느낌이나 정의를 새롭게 내릴 수 있도록 도와준다. 이 책은 가치의 아름다움을 느끼고, 올바른 가치관을 확립할 수 있도록 도와준다.

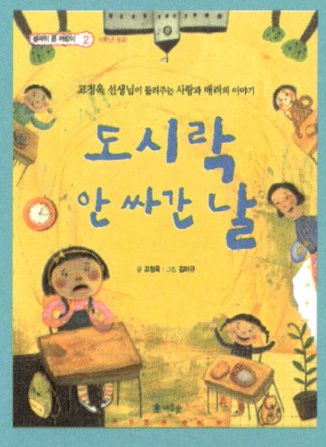

도시락 안 싸간 날
글 고정욱 | 그림 김미규 | 여름숲

『도시락 안 싸간 날』은 초등학교 저학년 어린이들에게 사랑과 배려의 마음을 갖도록 도움을 주는 생활동화 이야기 여덟 편의 모음집이다. 그 중 도시락 안 싸간 날에서는 송이가 엄마의 실수로 밥을 굶을 뻔했지만, 다른 친구들이 자기가 가진 것을 조금씩 나눠주어 오히려 더 맛있는 점심을 먹을 수 있게 된다는 이야기다.

이해 TIP 이 책에서는 나눔의 소중함에 대해서 이야기하고 있다. 세상의 여러 사람들이 함께 모여서 살고 돕고 배려해 주는 모습을 통하여 따뜻한 감동을 주며 나의 작은 배려가 다른 사람에게 큰 도움을 준다는 것을 알려 준다. 단편으로 구성되어 있어 어린이들이 재미있고 쉽게 읽을 수 있도록 되어 있다. 학교, 가정, 이웃에서 일어나는 일 등 일상생활에서 쉽게 경험하고 생각 할 수 있는 이야기들로 주인공들의 입장을 잘 이해할 수 있으며 이야기를 통해 자연스럽게 사랑과 배려에 대해 생각해 볼 수 있도록 해 준다.

어린이를 위한 배려
글 전지은 | 그림 김성신 | 위즈덤하우스

1학년 때부터 지금까지 단 한 번도 회장, 부회장을 놓친 적이 없는 예나는 6학년이 되어 회장, 부회장 선거에서 떨어지고 바른생활부장으로 뽑힌다. 그런데 갑자기 학교에서 3개월의 시간 안에 뚜렷한 활동을 보이지 못하면 바른생활부를 없애겠다고 발표한다. 예나는 이 기회에 바른생활부가 없어졌으면 좋겠다고 생각하지만, 전교 바른생활부장인 우혁이로 인해 어쩔 수 없이 바른생활부를 살리기 위한 활동에 동참하게 된다.
바른생활부 활동을 하면서 많은 것을 깨닫고 점차 변해가는 예나의 이야기를 통해 세상을 아름답게 만드는 배려의 놀라운 힘을 알 수 있다.

이해 TIP 이 책은 배려 영역에서도 이기심을 가지고 있다 깨달음을 얻는다는 교훈을 주는 이야기책이다. 자기 혼자만 똑똑하고 잘났다고 해서 모든 것이 내 뜻대로 이루어지는 것은 아니며, 친구를 배려하고 가족을 배려하며 나아가 다른 사람을 제대로 배려하는 사람이야말로 정말로 자기가 하고 싶은 것을 이룰 수 있다는 사실을 주인공 예나의 이야기를 통해 느낄 수 있다. 또 부록 부분에서는 구체적인 사례를 통해 실생활에서 배려를 어떻게 실천해야 하는지를 어린이들에게 친절하게 알려 주고 있다.

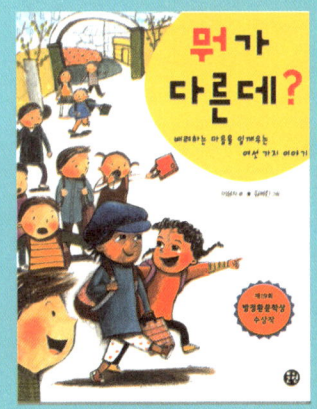

뭐가 다른데?
글 이성자 | 그림 김혜진 | 문원

나와 다른 친구들을 있는 그대로 인정하고, 약하고 소외받는 이들을 배려하는 마음을 일깨워 주는 이야기가 담겨 있는 단편 동화집이다. 한 걸음만 먼저 다가가면 마음을 열고 상대방을 있는 그대로 바라볼 수 있음을 이야기한다.

이해 TIP 이 책에는 약하고 소외받는 이들을 배려하는 마음을 일깨워 주는 이야기들이 담겨 있다. 나와 다른 타인에 대한 인정, 존중, 이해와 사랑에 대해 생각하며 느낄 수 있고 배려의 미덕이나 순수함을 느낄 수 있다.

성교육 아기는 어떻게 생겨요?

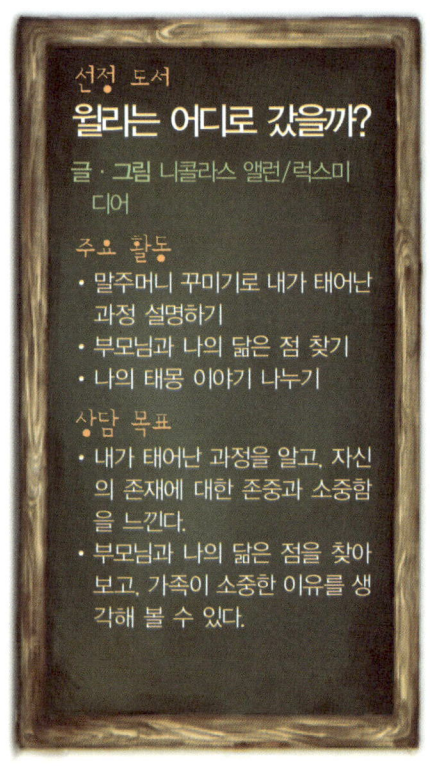

선정 도서
윌리는 어디로 갔을까?
글·그림 니콜라스 앨런/럭스미디어

주요 활동
- 말주머니 꾸미기로 내가 태어난 과정 설명하기
- 부모님과 나의 닮은 점 찾기
- 나의 태몽 이야기 나누기

상담 목표
- 내가 태어난 과정을 알고, 자신의 존재에 대한 존중과 소중함을 느낀다.
- 부모님과 나의 닮은 점을 찾아보고, 가족이 소중한 이유를 생각해 볼 수 있다.

수남이는 밝고 명랑한 11살 남자 아이다. 친구들과 잘 어울리고 호기심도 많아서 인기가 많다. 그런데 어느 날 수남이 어머니가 큰 충격을 받았다고 상담을 요청하셨다.
"선생님, 수남이 방을 우연히 들여다보았는데 아이가 침대에서 혼자……"
아이의 성적 행동에 대해 어떻게 해야 할지 방법을 고민하며 이런 행동이 일반적인 것인지를 묻는 수남이 어머니에게 아들의 행동은 아주 당황스러운 일일 수밖에 없다.

"아기는 어디로 나와요?"
"왜 엄마는 고추가 없어요?"
"왜 아빠는 서서 오줌을 누나요?"
아이를 키우는 부모라면 누구나 한 번쯤 들어 봤을 질문이다. 이럴 때 어른은 대개 "응, 네가 크면 알게 된단다." "글쎄……." "뭘 그런 걸 알려고 해!" 등 시큰둥한 태도를 보이거나 답을 얼버무리는 경우가 많다.

아이들은 자라면서 자연스럽게 자신의 몸에 대해 관심을 갖고 살펴보게 된다. 성기를 만지거나 자위행위를 하기도 하며 성과 관련해 엄마놀이, 아빠놀이 등 어른 흉내를 내기도 한다.

하지만 이것은 어른처럼 성의식이 있어서 하는 것이 아니라 단순한 호기심에서 하는 행동·질문이고 어른들의 역할을 보고 스스로 배운 성역할에 대한 이해가 놀이를 통해 나오는 것이라 할 수 있다. 초등학생이 되면 성 차이에 대한 호기심 표현이나 성적 놀이가 줄어들면서 임신과 출산에 대해 엄마와 아빠의 구체적인 역할이나 과정을 궁금해하고 남자와 여자 모두 상대방의 성에 대한 호기심이 더 커진다. 이때 적절한 설명을 해 주지 않으면 아이는 다른 방법으로 호기심을 해결하고 왜곡된 성 지식을 얻게 될 수도 있기 때문에 주변 어른들의 지도와 관심이 꼭 필요하다. 그럼에도 어른들은 성교육을 어디서부터 어떻게 시작해야 할지 몰라 망설이고, 적절한 도구를 찾기는 어려우며, 일일이 말로 설명하는 것은 더 막막할 따름이다.

이 책은 이러한 어른들의 고민을 아이의 눈높이에 맞춰 적절히 풀어내고 있다. 주인공인 정자 윌리를 통해 생명이 잉태되는 과정과 유전에 대한 개념을 자연스럽게 설명하고 있다. 그러면서도 독자가 흥미를 가지고 내용에 집중하도록 궁금증을 불러일으킨다. 이 책을 통하여 엄마, 아빠로 인해 내가 생겼음을 알고 생명에 대한 존중과 내 모습의 소중함을 생각해 볼 수 있을 것이다. 뿐만 아니라 가족의 닮은 모습을 통해 좋은 것을 닮게 해 준 소중한 가족의 의미를 되새기는 기회가 될 것이다.

선정 도서

윌리는 어디로 갔을까?
글·그림 니콜라스 앨런 | 럭스미디어 | 30쪽

윌리는 아저씨의 몸 속에 사는 정자다. 3억 명의 친구들과 함께 몸 속의 한곳에 모여 산다. 윌리는 학교에서 수학을 잘하지 못하지만, 수영은 아주 잘하는 친구다. 곧 있을 수영대회를 위해 윌리는 열심히 연습을 한다. 하지만 수영대회는 1등밖에 상품이 없다. 상품은 바로 아주머니의 몸 속에 있는 난자! 수영대회가 열리는 날, 윌리는 등번호와 두 장의 보물지도를 받고 그 보물지도를 보며 열심히 난자를 향해 헤엄쳐 간다. 드디어 1등을 하고 아주머니의 몸 속에 있는 난자를 만난 윌리는 그 속으로 사라진다. 그리고 얼마

후 자궁 속에서는 생명 탄생의 신비한 일이 생긴다. 아줌마의 배가 서서히 커지고…… 드디어 여자 아이가 태어난다. 그 여자 아이의 이름은 에드나.

어느덧 에드나는 자라서 학교에 입학했다. 그런데 이상한 일은 에드나가 학교에서 수학을 아주 싫어한다는 사실이다. 그러나 수영은 아주 잘하고 좋아한다고 한다. 바로 윌리처럼! 정자인 윌리는 어떻게 된 것일까?

도서 활용
- 생명의 탄생에 대하여 아이의 눈높이에 맞추어 쉽게 알려 줄 수 있다.
- '나'의 탄생도 이렇게 신비롭고 소중한 것이었음을 이해하며 가족 내에서 소중한 존재로서의 자존감을 가질 수 있다.
- 주인공 윌리가 여행하는 과정을 통해 엄마, 아빠와 나의 닮은 점을 찾아보면서 우리 가족만이 함께 갖고 있는 특징이 무엇인지 나눌 수 있는 시간을 만든다.

중심 활동 1

『윌리는 어디로 갔을까?』 리뷰하기

『윌리는 어디로 갔을까?』를 함께 읽고 주어진 활동지의 질문에 답하도록 한다. 질문 중에서 필요한 부분을 보완하여 활동지를 작성해도 좋다.

학생 활동지 살펴보기

- 3억 명의 친구들을 이기고 1등을 한 윌리에게 어떤 말을 해 주고 싶은가요? 이유는 무엇인가요?
- 윌리가 난자를 만난 후 아주머니의 몸 속에서는 어떤 변화가 생겼나요?
- 에드나와 윌리의 닮은 점은 무엇이었나요? 왜 닮게 되었을까요?
- 윌리와 에드나처럼 나는 아빠와 어떤 점이 닮았나요?

활동지 복사해서 활용하세요!

윌리는 어디로 갔을까?

● 3억 명의 친구들을 이기고 우승한 윌리에게 어떤 말을 해 주고 싶은가요?
  이유는 무엇인가요?

> 윌리야,

● 윌리가 난자를 만난 후 아주머니의 몸 속에서는 어떤 변화가 생겼나요?

● 에드나와 윌리의 닮은 점은 무엇이었나요? 왜 닮게 되었을까요?

● 윌리와 에드나처럼 나는 아빠와 어떤 점이 닮았나요?

아기는 어떻게 생겨요? **061**

중심 활동 2

말주머니 꾸미기로 내가 태어난 과정 설명하기

- 만일 내가 엄마, 아빠라면 어떻게 설명해 줄 수 있을지 생각해 보고 말주머니에 해 주고 싶은 말을 적어 본다.
- 이야기를 듣고 난 후 나의 느낌은 어떤지 이야기한다.

학생 활동지 살펴보기

 TIP

엄마, 아빠가 되어 이야기하는 것을 활동지에 적은 후 아이, 엄마, 아빠로 역할을 나누어 서로의 의견과 느낌을 이야기해 보도록 함으로써 다른 사람의 생각을 듣고 생명에 대한 존중과 이해를 더하게 할 수 있다.

중심 활동 3

나의 태몽 이야기 나누기

- 부모님께 자신의 태몽 이야기를 듣는다.
- 모둠원들끼리 종이에 자신의 태몽 이야기와 관계된 단어를 적고 바구니에 넣는다.
- 순서를 정해 바구니의 종이를 한 장 뽑고 종이에 적힌 단어를 쓴 사람을 맞혀 본다.
- 쓴 사람이 맞으면 자신의 태몽 이야기를 친구들에게 들려주고 다음 종이를 뽑는다.
- 맞히지 못하면 종이를 다시 집어넣고 다음 사람이 다시 뽑는다.

활동지 복사해서 활용하세요!

태몽 이야기

● 엄마, 아빠가 들려주신 나의 태몽은 무엇인가요?

● 친구들에게 들려준 나의 태몽 이야기와 친구들의 태몽 이야기를 듣고 난 후 느낀 점이 있나요? 어떤 느낌이 드는지 적어 보세요.

아기는 어떻게 생겨요? **065**

 ## 선택 활동

엄마, 아빠와 나는 이런 점이 닮았어요

- 부모님과 나의 닮은 점을 찾아 적어 보는 활동이다.
- 생김새, 성격, 버릇, 좋아하는 것, 취미 등 엄마, 아빠와 나의 닮은 점을 찾아본다.
- 주사위에 가족의 얼굴을 붙인다-우유곽 크기의 주사위(아빠, 엄마, 형, 누나, 할아버지, 할머니 등 가족).
- 2명이 짝 활동으로 하거나 4~6명의 모둠원이 주사위를 굴려서 나오는 사람과 내가 닮은 점을 한 가지씩 이야기한다.
- 활동을 통해 느낀 점을 서로 이야기해 본다.

학생 활동지 살펴보기

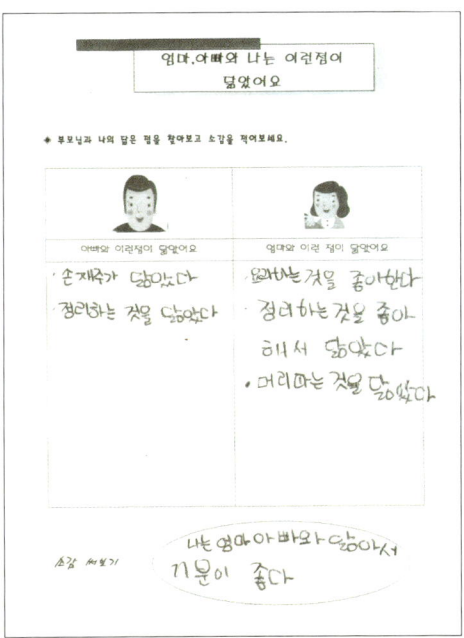

활동지 복사해서 활용하세요!

엄마, 아빠와 나는 이런 점이 닮았어요

● 부모님과 나의 닮은 점을 찾아보고 소감을 적어 보세요.

아빠와 나는 이런 점이 닮았어요	엄마와 나는 이런 점이 닮았어요

나의 소감

아기는 어떻게 생겨요?

 수업을 마치고... 아이들 생각

> 성교육 수업을 통해 새롭게 알게 되었거나 나에게 도움이 된 것은 무엇인가요?

- 부모님과 닮은 점이 많다는 걸 알고 부모님이 소중하다는 걸 느꼈어요.
- 제 성격과 부모님의 성격이 비슷한 이유를 알게 되어 재미있었어요.
- 아기가 태어나는 과정을 알고 나니 제가 소중하다는 걸 느꼈어요.
- 부모님이 나를 얼마나 소중하게 여기는지 알게 되었어요.
- 제가 태어난 게 기뻤고, 책의 내용이 그림과 짧은 글로 되어 있어 알기 쉬웠어요.

 우리들의 가치사전

■ 내 몸을 왜 소중히 여겨야 할까요?
- 엄마, 아빠의 좋은 것을 물려받았기 때문이다.
- 부모님의 가장 좋은 것을 물려받은 나도 내 아이에게 좋은 걸 물려줘야 하기 때문이다.
- 내 몸을 아껴야 다른 사람이 날 존중해 준다.

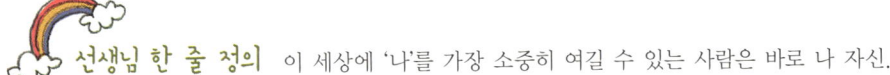 이 세상에 '나'를 가장 소중히 여길 수 있는 사람은 바로 나 자신.

수업을 마치고... 선생님 생각

　아이들에게 성교육에 관련된 책을 읽어 본 경험을 묻자 한2명이 부모님과 함께 그림책을 통해 보았을 뿐 대부분은 처음 접해 보는 듯 흥미로워했다. 정자 윌리의 여행을 통해 정자와 난자가 만나 새로운 아기가 태어나는 것을 보고 아이들은 처음에는 눈을 가리기도 하며 약간은 안 보는 척, 무관심한 척을 했다. 그러나 이내 자연스럽게 이야기를 받아들이고 활동에 몰입하며 즐거워했다.

　성에 관한 이야기를 나누는 것은 왠지 자연스럽지 않게 느껴지고 어색하고 쑥스러워 솔직하게 이야기하기가 어렵다. 어릴 적 호기심과 궁금증을 갖던 아이들조차 자라면서 성에 관한 질문을 그대로 드러내놓고 하기보다는 그냥 쉬쉬하며 친구끼리, 혹은 책을 통해 조금씩 지식을 습득해 간다. 그리고 이러한 불편한 과정이 우리가 성을 자연스럽지 못한 것으로 인식하도록 하는 것이다.

　활동 중 '내가 태어난 과정 설명하기'를 통해 아이들은 익숙하게 정자와 난자를 설명하고 아기가 태어나는 과정을 이야기했다. 그러면서 몰라서 갖게 되는 막연한 호기심이 아닌 지식의 한 부분으로 아기의 출생 과정을 이해하는 것 같았다.

　아기의 출생 과정이나 성역할 등 여러 가지 성교육 활동 시 주의할 점은 단지 성교육이 몰랐던 우리의 신체적 특징만을 설명하는 데 그치지 않아야 한다는 것이다. 윌리의 여행을 듣고 난 후 아이들의 소감 중 하나인 "아기가 태어난 과정을 알고 난 후 내가 더 소중하게 느껴졌다."라는 말에서 보듯 이렇게 소중하게 태어난 자신의 존재에 대한 인식은 그대로 자아존중감과 이어질 수 있다. 그러므로 성교육을 함으로써 함께 생각해 볼 수 있는 나에 대한 존중, 이해, 더 나아가 타인에 대한 이해까지 확장하여 이야기해 본다면 더 바람직한 수업이 될 것이다.

관련 도서 소개

쉿! 나도 어른이 되어 가고 있어요 1, 2
글 야마모토 나오히테 외 | 그림 기하라 치하루 | 웅진 출판주식회사

이 책은 크게 세 부분으로 나누어져 있다. 처음에는 태어나서 늙을 때까지의 삶의 과정을 15단계로 나누어 성장 과정에 알맞게 '태어나다' '자라다' '배우다' '고민하다' 등의 제목으로 알기 쉽게 설명해 주고 있고, 두 번째 부분에서는 아이에서 어른으로 자라면서 초등학생이 궁금해할 만한 남자와 여자의 신체적 차이, 생리적 차이 등을 각각의 성에 대한 존중을 바탕으로 글과 그림으로 표현하고 있다. 마지막에서는 실제로 초등학생들이 궁금해하는 문제나 당황했던 경험에서 생긴 질문의 답변을 해 줌으로써 실질적으로 성에 대한 궁금증을 해결해 준다.

이해 TIP 사람이 산다는 것은 서로에 대한 마음을 주고받으면서 지내는 것을 의미하며 이 과정에서 서로의 마음과 몸에 대한 호기심을 갖게 되고 차차 성에 눈을 뜨게 된다. 삶과 성이라는 주제를 함께 연결시켜 소개함으로써 자라면서 생기게 되는 신체적·생리적 변화가 자연스러운 현상임을 이해할 수 있고 이를 통해 서로의 차이를 인정하고 소중히 여기는 마음을 가질 수 있다.

이럴 땐 싫다고 말해요!
글 마리 프랑스 보트 | 그림 파스칼 르메트르 | 문학동네

주인공 선인장 소녀 미미는 수영장에서 와 보라고 하는 낯선 아저씨를 만나기도 하고, 공원에서 어깨를 토닥거리고 머리를 쓰다듬어 주는 사람도 만난다. 하지만 그럴 때마다 미미는 지혜롭게 그 상황을 잘 벗어난다. 싫을 때는 "싫어요."라고 크게 말하고 주변의 어른들에게 도움을 청하기도 한다. 친구인 알리와 톰이 이상한 어른들로부터 자신을 지혜롭게 보호한 경험을 이야기해 주며 나쁜 어른들로부터 자신을 보호하는 법을 알게 해 준다.

이해 TIP 성폭력, 성추행 등 힘이 약한 어린이들이 위험에 처할 수 있는 상황은 너무나 많다. 학교를 오고갈 때, 혹은 집 주변 등 익숙한 장소에서 일어날 수 있는 여러 가지 상황을 예를 들어 아이와 함께 이야기하고 대화하면서 일상생활에서 벌어질 수 있는 일에 대해 대처하는 법을 알려 줄 수 있어 부모와 아이 모두에게 많은 도움을 줄 수 있다.

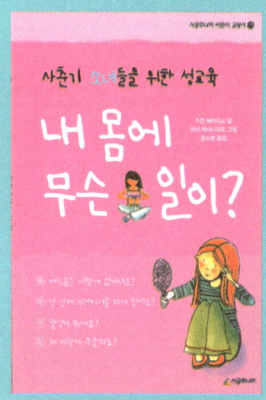

내 몸에 무슨 일이?
글 수전 메러디스 | 그림 낸시 레시니코프 | 시공주니어

이 책은 사춘기 소년과 소녀의 성장 특징을 자세하게 설명한다. 바르게 면도하는 법, 여드름 짜는 법, 몸을 청결히 하는 법 등 남자 아이들과 여자 아이들이 겪는 현실적인 어려움에 관한 생활정보를 담고 있으며 이성의 신체적 차이와 특징을 그림과 글을 통해 설명함으로써 서로의 성에 대한 이해를 돕고 있다. 급격한 변화와 성장의 시기이니만큼 성장을 위한 바른 생활태도와 생각을 가질 수 있는 지침이 될 수 있도록 조언하고 마지막으로 드러내지 못하는 마음 속 고민을 해결해 주는 해결사 역할을 해 준다.

이해 TIP 사춘기 아동의 신체적·정신적 변화는 급격하게 이루어진다. 이 시기의 성장 태도가 고정되어 평생을 사는 경우도 있으며 때문에 바른 생활태도와 생각은 중요하다고 할 수 있다. 따라서 자신의 몸에 대한 바른 이해와 생리적 현상에 대한 존중, 상대방의 성에 대한 이해를 바탕으로 건전한 정신과 태도를 가지도록 해야 한다. 함께 대화하는 가운데 자연스럽게 이야기를 풀어 갈 수 있을 것이다.

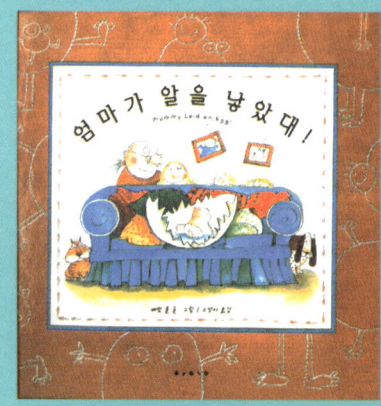

엄마가 알을 낳았대!
글·그림 배빗 콜 | 보림

어느 날 아빠는, 아이들에게 아기가 태어나는 과정을 이야기해 준다. 여자 아이는 설탕에 양념에 온갖 향기로운 것을 넣어서 만들고, 남자 아이는 달팽이와 강아지 꼬리를 섞어서 만든다고 한다. 혹은 공룡이 갖다줄 때도 있고 붕어빵 굽듯 아기를 굽거나 화분에 씨앗을 심어 물을 주면 아기가 쑥쑥 자라고, 튜브에서 짜내기도 하며, 소파에다 놓은 알이 터지면서 아이가 나온다. 이 말을 들은 아이들은 깔깔거리고 웃으며 엄마, 아빠는 엉터리라고 하지만 씨앗, 튜브, 알은 어느 정도 맞는 말이라고 인정하며 엄마, 아빠에게 어른의 설명이 아닌 어린아이의 눈으로 아기가 태어나는 것을 제대로 알려 준다.

이해 TIP 아이가 태어나는 과정을 설명으로만 들으면 너무 어렵고, 설명하는 어른과 듣는 아이 모두 재미도 느낄 수 없어 도무지 무슨 의미인지도 알 수 없게 된다. 어른들이 평소에 하는 "넌 다리 밑에서 주워 왔어." 혹은 "엄마, 아빠가 사랑해서 네가 나왔지." 등의 말보다 좀 더 알기 쉽게, 아이의 말과 그림으로 풀어서 이야기해 줌으로써 아기가 태어나는 과정을 의문 없이 받아들이고 이해할 수 있을 것이다.

아기는 어떻게 생겨요?

양성평등 성편견을 넘어 지혜롭고 행복한 내 삶을 꿈꾸며

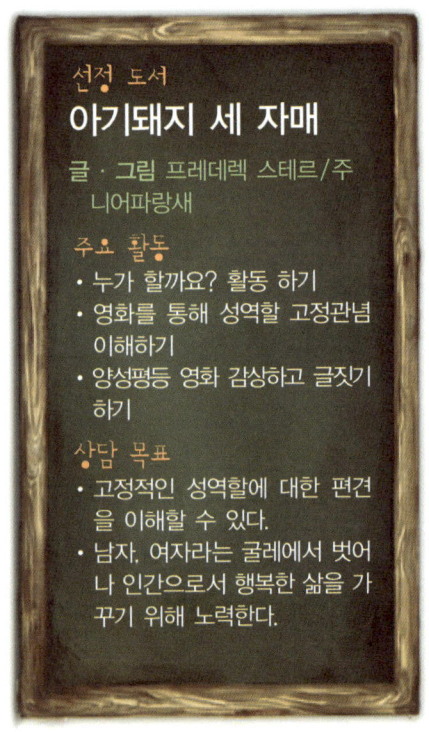

선정 도서
아기돼지 세 자매
글·그림 프레데렉 스테르/주니어파랑새

주요 활동
- 누가 할까요? 활동 하기
- 영화를 통해 성역할 고정관념 이해하기
- 양성평등 영화 감상하고 글짓기 하기

상담 목표
- 고정적인 성역할에 대한 편견을 이해할 수 있다.
- 남자, 여자라는 굴레에서 벗어나 인간으로서 행복한 삶을 가꾸기 위해 노력한다.

"왜 남자만 폭력적이라고 생각하나요?"
"왜 여자만 수다쟁이라고 말하나요?"
"왜 여고생은 치마, 남자는 바지로 교복을 결정하나요?"
"왜 무거운 것을 드는 심부름은 남자만 하나요?"
"남자가 머리를 기르면 계집애 같다고 하는데 남자는 머리를 기르면 안 되나요?"

4~6학년 스포츠클럽 아이들에게 학교에서 느끼는 성차별적인 것을 이야기해 달라는 말에 아이들이 내놓은 대답이자 질문이다. 물론 아이들이 한 말은 단순히 자기가 남자이기 때문에, 또는 여자이기 때문에 하고 싶은 일을 하지 못한다고 여기고 불만을 호소한 것일 게다.

실제로 머리를 길게 길러 어깨까지 내리고 싶어 하지만 계집아이라는 놀림이 싫어서 머리를 기르지 못하는 남자 아이도 있고, 자기보다 힘이 센 여자 아이가 있지만 남자이기 때문에 무거운 짐을 옮겨야 하는 것이 억울한 남자 아이도 있었다.

그리고 왜 남학생은 바지, 여학생은 치마를 교복으로 선택해야 하느냐 하는 질문은 내게도 '아, 이런 게 극복해야 하는 성편견이구나.' 하고 느끼게 해 주었다. 치마보다 편한 바지를 입고 싶지만 여자이기 때문에 치마를 선택해야만 하는 현실은 21세기의 우리 아이들에게 거창한 문화적 전통보다 더 중요한 개인 행복권을 침해하는 대표적인 편견일 거라는 생각이 들었다.

그래서 아이들과 함께 우리가 가지고 있는 성편견을 알아보고 그것을 통해 양성평등에 대한 개념을 이해하며 성편견을 버리고 행복한 삶을 선택하고 가꿔 가는 인간으로서의 삶을 이해해 보기로 하고 수업을 시작하였다.

이 과정에서 우리 사회 곳곳에서 군인, 경찰, 경호원, 운동선수, 은행가, 운전사 등 여자이면서도 예전에 남자들만 할 수 있다고 생각했던 분야에서 여자의 섬세함과 꼼꼼함을 무기로 자신의 꿈과 행복을 찾아가는 사람들을 찾았다. 또 여자들만의 영역이라고 여겼던 요리, 디자인, 간호, 가사 등에서 여자 못지않은 실력으로 인정받는 남자들을 보면서 자신의 미래를 스스로 열어 갈 아이들의 모습을 기대해 보게 되었다.

선정 도서

아기돼지 세 자매

글·그림 프레데릭 스테르 | 주니어파랑새 | 30쪽

 엄마 돼지가 딸 셋에게 훌륭한 신랑감을 찾아 결혼하라며 금화를 한 주머니씩 주어 떠나 보낸다.
 편안한 것을 좋아하는 첫째 돼지는 커다란 벽돌집을 사느라 돈을 몽땅 다 써 버린다. 그리고 자신의 집으로 찾아온 예의 바르고, 돈도 많은 것 같아 보이는 신랑감에 반해서 문을 열어 준다. 그런데 그 신랑감 돼지는 바로 변장한 늑대였기에 그만 잡혀 먹히고 만다.
 둘째 돼지는 돈을 반만 들여서 나무로 된 예쁜 집을 지었다. 그리고 집으로 찾아온 잘생기고, 힘도 세 보이는 신랑감에 반해서

문을 열어 주었다. 그런데 그 돼지 역시 바로 변장한 늑대였다. 둘째 돼지 역시 잡혀 먹히고 말았다.

 이때 셋째 돼지는 지푸라기 집을 가지고 있었는데, 돼지 가면을 쓰고 낮잠을 자고 있는 늑대를 속이고 잡혀 먹히지 않는다. 이 소문은 곳곳에 퍼졌고, 이 소식을 들은 신랑감 돼지들은 셋째 돼지와 결혼을 하겠다고 줄을 서서 기다리게 된다.

 TIP

도서 활용
- 이 이야기는 자신을 상품성 있게 보이도록 포장하고 남자의 외적인 조건부터 보는 여자가 아닌 주체성 있고 지혜로운 셋째 돼지를 통해 진취적인 여자의 모습에 초점을 두었다.
- 여자가 원하는 최고의 신랑감과 남자가 원하는 최고의 신붓감 모두 어느 한쪽에 의지해 살아가는 수동적인 사람이 아니라 능동적이고 지혜로운 사람이라는 공통점이 있다는 것을 학생들이 스스로 찾게 한다.
- 첫째 돼지와 둘째 돼지가 가지고 있는 최고의 신랑감에 대한 생각 속에 담긴 남녀 간의 성차별적인 요소를 다루고, 활동지를 통해 일과 성역할에 대한 편견을 주제로 토론해 본다.
- 학생들 스스로 성에 대한 편견을 깨고 일에 대한 인식과 선택이 남녀 성별이 아닌 개인의 흥미, 적성, 성격, 삶의 목표와 꿈에 의해 이루어짐을 알게 하여 양성평등 의식을 갖게 한다.

중심 활동 1

『아기돼지 세 자매』 리뷰하기

선생님이 들려주는 동화를 들으면서 활동지에 책 내용에 대해 기록하고, 친구들과 여러 가지 물음에 대해 이야기한다.

학생 활동지 살펴보기

- 첫째 돼지가 생각하는 가장 좋은 신랑감은 어떤 돼지입니까?
- 둘째 돼지가 생각하는 가장 좋은 신랑감은 어떤 돼지입니까?
- 첫째 돼지, 둘째 돼지는 왜 늑대에게 잡혀 먹혔을까요?
- 신랑감 돼지들은 왜 셋째 돼지와 결혼하려 줄을 섰을까요?
- 셋째 돼지라면 어떤 신랑감을 가장 좋은 신랑감으로 생각할까요?
- 내가 생각하는 최고의 신랑감(신붓감)은 어떤 사람인가요?

활동지 복사해서 활용하세요!

아기돼지 세 자매

- 첫째 돼지가 생각하는 가장 좋은 신랑감은 어떤 돼지입니까?

- 둘째 돼지가 생각하는 가장 좋은 신랑감은 어떤 돼지입니까?

- 첫째 돼지, 둘째 돼지는 왜 늑대에게 잡혀 먹혔을까요?

- 신랑감 돼지들은 왜 셋째 돼지와 결혼하려 줄을 섰을까요?

- 셋째 돼지라면 어떤 신랑감을 가장 좋은 신랑감으로 생각할까요?

- 내가 생각하는 최고의 신랑감(신붓감)은 어떤 사람인가요?

성편견을 넘어 지혜롭고 행복한 내 삶을 꿈꾸며

중심 활동 2

누가 할까요? – 직업과 관련된 성 고정관념 되돌아보기

주어진 36가지 일을 남자와 여자, 누구나 할 수 있는 일로 나누어 적어 본다. 자신이 그렇게 생각한 까닭과 자신의 성 고정관념에 대해 친구들과 이야기를 나눈다.

학생 활동지 살펴보기

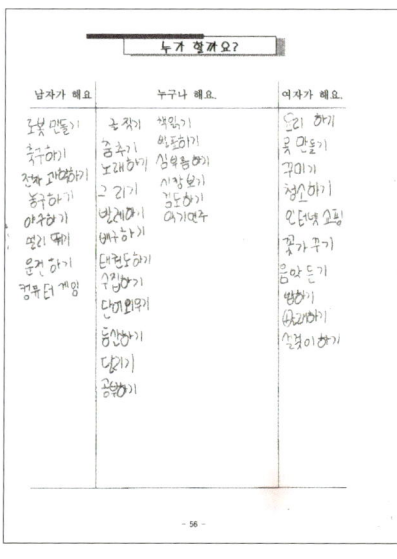

- 자신이 정리한 남자가 하는 일이라고 생각한 일과 그 까닭을 이야기해 볼까요?
- 친구의 발표를 듣고, 자신의 의견을 이야기해 볼까요?
- 자신이 정리한 여자가 하는 일이라고 생각한 일과 그 까닭을 이야기해 볼까요?
- 친구의 발표를 듣고, 자신의 의견을 이야기해 볼까요?
- 만약 셋째 돼지라면 남자가 한 일과 여자가 한 일, 그리고 누구나 하는 일에 대해 어떻게 정하였을지 이야기해 볼까요?
- 일에 관하여 성편견 없는 양성평등이란 무엇인지 이야기해 봅니다.
- 남녀 차별과 남녀의 다름은 어떻게 구분할 수 있는지 예를 들어 볼까요?

남자가 더 잘할 수 있는 일과 여자가 더 잘할 수 있는 일은 있을 수 있지만 남자니까, 여자니까 할 수 있거나 없는 일은 없단다. 우리는 누구나 자신이 원하는 일을 선택하고 할 수 있는 거야.

활동지 복사해서 활용하세요!

누가 할까요?

● 다음 36가지 일을 누가 해야 할지 빈칸에 써 봅니다.

글짓기	요리하기	춤추기	노래하기	옷 만들기	로봇 만들기
축구하기	그리기	꾸미기	청소하기	인터넷 쇼핑	전자과학하기
발레하기	농구하기	배구하기	태권도하기	야구하기	꽃 가꾸기
수집하기	단어 외우기	등산하기	멀리뛰기	달리기	공부하기
음악 듣기	책 읽기	발표하기	심부름하기	시장보기	밥하기
빨래하기	운전하기	검도하기	악기 연주	컴퓨터 게임	설거지하기

남자가 해요	누구나 해요	여자가 해요

성편견을 넘어 지혜롭고 행복한 내 삶을 꿈꾸며

 **선택 활동**

영화를 통해 성역할 고정관념 이해하기

- 영화 〈빌리 엘리어트〉의 내용을 소개하고 빌리의 아빠가 '발레'를 '계집애들'이나 하는 일이라고 생각하는 까닭에 대해 이야기해 본다.

영화 〈빌리 엘리어트〉 줄거리 살펴보기

열한 살 소년 빌리는 자신의 발이 손보다 훨씬 능란하게 움직인다는 사실을 알게 되고, 발레 선생님인 윌킨슨 부인의 독려에 힘입어 권투를 그만두고 발레 교실로 옮긴다.
이 사실을 알게 된 아버지가 그를 말리지만 빌리는 자신의 능력을 인정하고 런던의 로열발레학교 입학 시험을 보라고 격려해 주는 윌킨슨 부인과 함께 열심히 준비하여 발레리노가 되려는 자신의 꿈을 이루어 간다.

- 빌리 엘리어트처럼 생활 속에서 직업선택과 관련하여 남자역할, 여자역할에 대한 편견을 벗어나 행복을 선택한 사람들의 사례에 대해 있는지 이야기한다.
- 나는 자라서 어떤 일을 하고 싶은지 친구들과 이야기한다.
- 내가 선택한 일에 남자와 여자의 편견을 극복해야 할 것이 있는지 이야기한다.

성편견과 관련된 사진 조사해 보기

- 인터넷을 통해 성 고정관념을 깬 사람들의 행복한 모습이 담긴 사진 자료를 조사한다.
- 자신이 선택한 사진에 대해 어떤 부분이 성 고정관념을 깬 모습인지 이야기한다.
- 활동을 해 본 소감을 나눈다.

활동지 복사해서 활용하세요!

생활 속의 성역할

● 남자 또는 여자라는 편견을 극복하고 자신의 일을 선택한 사람들

군인

중장비 기사

요리사

소방관

헤어디자이너

축구선수

● 여러분이 알고 있는, 성편견을 극복하고 자신의 일을 선택한 사람을 글과 그림으로 표현해 봅시다.

성편견을 극복한 예

성편견을 넘어 지혜롭고 행복한 내 삶을 꿈꾸며

양성평등 영화 〈뮬란〉 감상하고 양성평등 글짓기 하기

영화 〈뮬란〉을 함께 보고 영화 속 성역할에 관해 이야기를 나눠 본다.

영화 〈뮬란〉을 볼 수 있는 사이트
포털사이트 다음tv팟에서 '〈뮬란〉 대장부로 만들어 주마!'를 검색한다.
- http://tvpot.daum.net/clip/ClipView.do?clipid=10711833

- 뮬란이 전쟁터에 나간 까닭에 대해 이야기한다.
- 뮬란이 어려운 훈련 과정을 포기하지 않고 이겨낸 까닭에 대해 이야기한다.
- 남자라서(여자라서) 포기하거나 부끄러워하면서 했던 일에 대해 이야기한다.
- 양성평등을 주제로 한 문장을 완성한다.

(양성평등의 개념을 학생들이 어떻게 이해하고 있는지 살펴보고 피드백하기)

예시: 양성평등이란 <u>남녀 간에 차별을 두지 않고 서로 존중해 주는 것</u>이다.

양성평등이란 _____ 이다.

우리들의 가치사전

■ **양성평등이란?**
- 남녀차별을 하지 않는 것이다.
- 남녀가 하는 일이 따로 없다는 것이다.
- 성의 고정관념을 깨는 것이다.
- 양성평등이란 설거지를 엄마뿐 아니라 가족 모두가 함께 하는 것이다.
- 양성평등이란 여자도 버스를 운전할 수 있다는 것이다.
- 양성평등이란 남자도 간호사가 될 수 있는 것이다.

양성평등이란 모든 인간은 고정된 성역할이나 성별 고정관념에 구속됨이 없이 자유롭게 자신의 능력을 개발하고 선택할 수 있는 권리를 갖는 것.

성편견을 넘어 지혜롭고 행복한 내 삶을 꿈꾸며

수업을 마치고... 선생님 생각

칠판에 '아기돼지 세 자매'라고 쓰고 책을 들고 교실 중앙에 앉자 아이들의 호기심 어린 시선이 모아졌다. 마제형으로 둘러 앉아 선생님이 읽어 주는 이야기를 열심히 들은 아이들은 이야기가 재미있는지 다시 한 번 들려 달라고 아우성이었다. 그래서 칠판에 양성평등 수업이라고 쓰고, 활동지를 나누어 준 후 "선생님이 나누어 준 활동지의 물음에 답하면서 들어 보렴." 하고 말하고, 다시 한 번 목소리를 가다듬어 책을 읽어 주었다.

책을 다 읽고 난 후, 활동지를 보면서 첫째 돼지, 둘째 돼지가 선택한 최고의 신랑감에 대해 이야기해 보고, 첫째 돼지, 둘째 돼지가 가지고 있는 남편에 대한 기대감에 대해 이야기해 보았다. 대부분의 아이들이 경제력 있고, 잘생긴 신랑감을 원하는 첫째와 둘째의 생각을 잘 찾아 주었다. 그리고 첫째 돼지, 둘째 돼지가 늑대에게 잡혀먹힌 이유에 대해 대부분 "늑대가 멋진 돼지로 분장해 첫째와 둘째의 집에 나타났는데 모르고 문을 열어 주어서입니다."라고 대답하였다. 남자들이 셋째 돼지와 결혼하려고 줄을 선 이유에 대해서는 "늑대를 사로잡았다는 소문이 퍼져서." "셋째 돼지가 지혜롭게 늑대를 잡아서."라고 대답하였다.

이에 학생들이 찾아낸 답을 중심으로 이야기 속에 숨겨진 의미, 즉 '첫째 돼지와 둘째 돼지는 커다란 집과 예쁜 집으로 자신의 외적인 것을 꾸미고 여성적 편견에 기인하여 신랑감을 기다렸지만, 셋째는 외적인 것보다는 스스로 지혜롭게 행동함으로써 최고의 신붓감이 되어 좋은 신랑감들이 찾아오도록 하였다.'라고 정리해 주었다. 그리고 셋째 돼지가 바라는 최고의 신랑감은 아마 남녀 어느 한쪽에 의지하여 살아가는 것이 아닌 서로 협력해서 동반자적으로 살 수 있는 신랑감이지 않을까 하고 마무리해 주자 아이들은 남성적 관점, 여성적 관점을 벗어나 최고의 배우자감으로 지혜롭고, 친구 같은 사람이라고 이야기하였다.

두 번째로 실시한 활동은 일에 관한 아이들의 성역할 편견을 스스로 찾아보고 그에 대한 생각을 나누는 것이었다. 그 결과 17명의 학생 중 7명이 36가지 일에 대해

'누구나 해요'라고 답했고, 남자, 누구나, 여자가 할 일이 따로 있다고 나누어 적은 학생들은 10명으로 나타났다. 그래서 남자가 하는 일에 어떤 일을 적었고 그 까닭이 무엇인지 이야기해 보고, 또 여자가 하는 일에 어떤 일을 적었고, 그 까닭은 무엇인지 이야기해 보게 하였다. 이에 대한 반론은 '누구나 해요'라고 답한 학생들이 이야기함으로써 일에 대한 성역할 편견을 쉽게 이해하게 되었고, 남녀에 따라 일에 대한 성향과 적성이 다를 수는 있으나 남자니까, 여자니까 할 수 있고 할 수 없는 일은 없음을 이해하게 되었다.

　이 수업은 일상생활 속에서 결혼 속에 있는 여자, 남자의 배우자에 대한 성역할 편견을 이해하고, 그것을 바탕으로 여러 가지 일에 대해 학생들이 가지고 있는 성편견적 관점을 생각해 볼 수 있는 가치 있는 수업이었다. 더불어 수업을 통해 여자 군인, 여자 덤프트럭 기사, 여자 소방관 등 금녀의 일이라는 분야, 또는 남자 요리사, 남자 유치원 교사 등 금남의 일이라고 불리는 분야에서 성편견을 깨고 당당히 자신의 일을 선택하는 어른으로 성장해 갈 우리 아이들의 모습을 기대해 보게 되었다.

관련 도서 소개

여자는 힘이 세다 - 한국편
글 유영소 | 그림 원유미 | 교학사

한국을 바꾼 여자들의 빛나는 도전 이야기다. 세계 어느 나라보다도 더 남성 중심적이었던 한국 사회에서 여자라는 이유만으로 억압받고 통제받았던 우리나라 여성들의 삶을 깊이 있게 다루었다. 불평등과 일제강점기 등의 특수한 상황 속에서 당당하고 용기 있게 꿈을 이루고 삶을 변화시킨 그들의 노력이 눈부시게 다가오는 책이다.

이해 TIP '여자는 힘이 세다(한국판)'라는 제목은 양성평등을 부르짖는 쾌활한 분위기의 창작동화에 가깝다. 이 책은 여성 인물 이야기를 다루는데, 한국편에서는 최승희, 최은희, 정정화, 박에스더, 명성황후, 이태영, 조수미를 만날 수 있다. 대개의 초등학교 5학년 아이들이 명성황후와 조수미 정도를 친근하게 들어 본 정도이기 때문에 『여자는 힘이 세다』에 나오는 대부분의 인물들은 어쩌면 요즘 아이들이 괴리감을 느낄 수도 있다. 이들 주인공은 조수미를 제외하고는 모두 일제강점기를 살아냈던 분들이다. 만약 내가 이 시대에 살았던 인물이라면 어떤 길을 택했을까 생각해 보는 시간을 갖고 인물들의 삶을 이해해 보려 노력하는 기회를 통해 여자라는 편견을 넘어 강직하고 당당하게 살아나갈 수 있음을 배우는 계기로 삼는다.

난 이제부터 남자다
글 이규희 | 그림 신은재 | 세상모든책

이 책은 여자로 태어나서 슬퍼하는 아이인 수지가 남자가 되고 싶어 하는 이야기다. 이 세상에 여자로 태어나 슬퍼하는 아이들에게 조금이나마 위로가 되는 책이고, 그런 아픔을 조금도 알지 못하는 남자 아이들이 읽어야 하는 동화다. 세상의 절반은 여자이고, 그 여자들이 장차 이 땅의 어머니가 되어 다시 멋진 아들을 낳는다는 사실을 깨닫게 하는 책이다.

이해 TIP 이 책의 주인공인 수지의 마음을 가족들이 이해하게 되는 과정을 통해 남자, 여자에 대한 어른들의 시각이 우리 아이들에게 미치는 영향에 대해 되돌아볼 수 있게 해 준다.

엄마는 파업 중

글 김희숙 | 그림 박지영 | 푸른책들

『엄마는 파업 중』은 집안일에 지친 엄마가 급기야는 파업을 하게 되고, 그제야 가족들이 엄마가 하는 일의 무거움, 중요함을 체감하게 된다는 내용이다. 이 작품은 동화의 기피 대상인 주부의 가사 노동을 생생하게 담아 내어 초등학교 국어 교과서에 실리기도 하였다.

이해 TIP 늘 곁에 있으니 그 고마움을 몰랐는데 엄마가 없어지고 난 뒤 그 빈자리에서 엄마가 얼마나 힘들었는지를 깨닫고 고마워하는 가족의 모습이 담겨 있다. 집안일에 대해 아이들이 새롭게 생각해 볼 수 있는 기회로 삼는다. 집안일을 가족 모두가 함께 할 수 있도록 가족들이 집안일에서 각자 할 일에 대한 역할 분담표를 만들어 본다.

올리버 버튼은 계집애래요

글·그림 토미 드 파올라 | 문학과지성사

올리버는 밖에 나가 공을 차는 것보다 혼자 책을 읽는 것, 숲을 산책하는 것, 그림 그리기, 그리고 분장 놀이 의상을 걸쳐 보는 것도 좋아한다. 그래서 올리버 뒤에는 '계집애'라는 말이 꼬리표처럼 따라다닌다. 탭댄스를 배우기 시작한 올리버는 어느 때보다 행복한 나날을 보낸다. 하지만 올리버가 춤을 열심히 출수록 계집애라는 놀림은 심해져 간다. 무용 학원 선생님의 권유로 장기 자랑 대회에 나간 올리버는 열심히 했지만 좋은 성적을 거두지 못한다. 그런데 터덜터덜 걸어간 학교 벽에 "올리버 버튼은 스타래요!"라는 글씨가 적혀 있는 게 아닌가. 이후 올리버는 자신의 다름으로 인해 놀림을 받지 않게 된다.

이해 TIP 이 책의 주인공 올리버는 춤추는 것을 좋아한다. 그러나 엄마, 아빠는 올리버가 다른 남자 아이들처럼 밖에서 뒹굴기를 바란다. 갈등 끝에 결국 부모님은 올리버의 재능을 살리기로 결정한다. 사람들은 모두 자신과 다른 올리버를 놀렸지만 올리버의 공연을 보고는 두 번 다시 놀리지 않게 된다. 성역할에 따른 일에 대한 편견을 버리고 자신이 좋아하는 일이 무엇인지 다함께 생각해 볼 수 있도록 도와 준다.

언어습관 바람직한 언어습관을 길러요

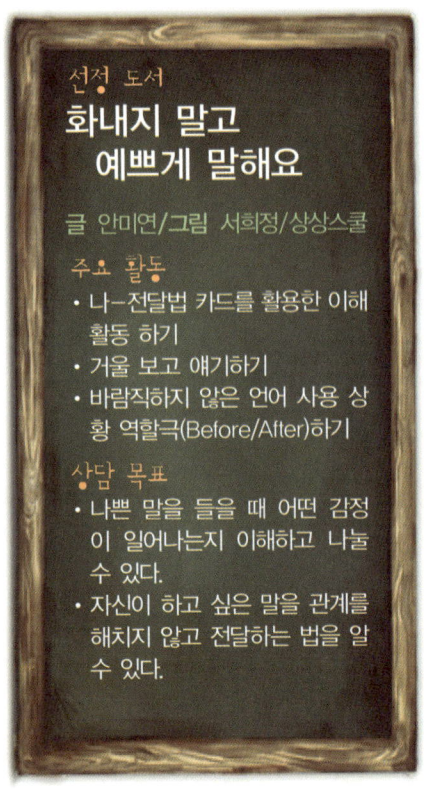

선정 도서
화내지 말고 예쁘게 말해요
글 안미연/그림 서희정/상상스쿨

주요 활동
- 나-전달법 카드를 활용한 이해 활동 하기
- 거울 보고 얘기하기
- 바람직하지 않은 언어 사용 상황 역할극(Before/After)하기

상담 목표
- 나쁜 말을 들을 때 어떤 감정이 일어나는지 이해하고 나눌 수 있다.
- 자신이 하고 싶은 말을 관계를 해치지 않고 전달하는 법을 알 수 있다.

요즘 학생들은 아름다운 언어표현보다는 은어, 속어, 비어 사용을 많이 하고 있다. 교실 안에서 이게 무슨 말인가 싶을 정도로 모르는 말을 사용하거나 거친 표현을 아무 거리낌 없이 사용하는 학생들이 대부분이다.

"선생님 간지나요."

"선생님, 아~ 쩐다."

서슴없이 말하는 학생들에게 언어표현이 타인과의 관계에 영향을 주고, 감정에 영향을 준다는 것을, 또 언어표현으로 인해 결과가 완전히 달라질 수 있다는 것 등을 이해시키는 일은 대단히 어렵다.

하지만 학생들에게 국어 시간에 다루는 언어표현이 전부가 아니기에 사람과 사람의 관계, 개인의 감정에 영향을 주는 언어표현의 중요성을 꼭 살펴보아야 한다.

학생들에게 오랜 기간 의사소통의 기술로 나-전달법과 너-전달법의 차이를 지도하고, 비폭력적 대화의 필요성에 대해 안내해 왔다. 그러나 학생들은 잠깐 좋아지는 듯 하다가도 금세 거친 표현을 쏟아 내고, 적절한 언어표현을 하는 데 어려움을 느끼기도 한다. 어떻게 진실된 마음으로 상대방을 배려하는 대화를 하도록 안내할 수 있을까 고민하게 되는 부분이다.

요즘 학생들은 자신이 나쁜 언어표현을 듣는 것에 대해서는 매우 불쾌하게 생각하면서 다른 사람에게는 쉽게 나쁜 언어표현을 하는 경우가 많다. 이것은 모든 세상의 중심이 자기에게만 맞추어져 있기 때문이다. 언어표현은 자기 중심적인 마음이나 생각을 타인에 대한 관심으로 돌리는 것이다. 따라서 학생들이 이 점을 알고, 이를 경험하는 일은 대단히 중요하다.

여기에 소개한 책을 함께 읽고 생각과 느낌을 나누며, 여러 가지 언어표현 활동을 통해서 학생들과 나쁜 언어표현이 개인 감정과 타인과의 관계에 주는 영향, 좋은 언어표현이 개인 감정과 타인과의 관계에 주는 영향이 어떻게 달라질 수 있는지를 활동으로 해 보면 학생들 스스로 말을 할 때 상대방의 감정을 고려해야 함을 더 잘 이해할 수 있을 것이다.

선정 도서

화내지 말고 예쁘게 말해요

글 안미연 그림 서희정 | 상상스쿨 | 24쪽

꼬마 고슴도치 '도치'는 화를 내며 말하는 버릇이 있어서 친구들은 물론, 엄마, 동생에게도 버럭 소리를 지른다. 그러던 어느 날 도치의 머리 위에 손바닥 만한 구름이 생겼는데 도치가 버럭 소리를 질러도 구름은 없어지지 않았다. 오히려 도치가 화를 낼 때마다 머리 위의 구름이 점점 커지고, 급기야 새카맣게 변하더니 천둥 번개가 치고 비까지 내렸다.

이제 도치 주위에는 아무도 오지 않았고, 도치는 속이 상했다. 그때 작은 양산을 쓴 할머니가 나타나 도치에게 구름을 없애는 방법을 일러 준다. 그 방법은 화가 날 때도 나쁜 말을 하지 않고, "나는 ○○○하면 좋겠어."라고 말하는 것이었다.

  도치가 더 이상 화를 내지 않고 "나는 ○○○하면 좋겠어."라고 말하자 동생도 친구들도 모두가 좋아한다. 그러자 구름이 점점 작아졌고, 도치는 행복해진다.

 TIP

도서 활용

- 학생들에게 『화내지 말고 예쁘게 말해요』라는 책을 보여 주면서 이 책이 유치원 동생들이 읽는 책이라고 말하면, "에~ 유치해요. 우리가 뭐 어린 앤가요?" 하고 대꾸한다. 하지만 함께 읽으면서 학생들의 표정이 달라지는 것을 느낀다. 책의 내용과 관련된 활동을 하고 난 뒤, "아직도 이 책이 유치하니?" 하고 되물으면, "아니요. 좋은 것 같아요."라고 대답한다.
- 이 책의 내용은 학생들에게 '나-전달법'이 '너-전달법'과 어떻게 다른지, 어떻게 쉽게 나-전달법을 활용할 수 있는지를 안내하는 데 충분히 훌륭하다. 나-전달법을 사용하지 않을 때 화가 어떻게 표현되고, 관계가 어떻게 나빠질 수 있는지를 쉽게 이해할 수 있다. 반대로 상대방에게 "나는 ○○○하면 좋겠어." 하고 예쁘게 말했을 때 상황이 어떻게 달라질 수 있는지를 쉽게 보여 주는 데 적절히 활용할 수 있다.

중심 활동 1

『화내지 말고 예쁘게 말해요』 리뷰하기

『화내지 말고 예쁘게 말해요』를 읽고 이해한 내용에 대해 활동지에 기록하고 토론한다.

- 도치가 나쁜 말을 하니까 어떤 일이 일어났나요?
- 도치가 나쁜 말을 하니까 그 말을 듣는 사람은 어떤 기분이 들었나요?
- 도치는 어떤 말을 쓰면서 달라지기 시작했나요?

활동지 복사해서 활용하세요!

화내지 말고 예쁘게 말해요

- 도치가 나쁜 말을 하니까 어떤 일이 일어났나요?

- 도치가 나쁜 말을 하니까 그 말을 듣는 사람은 어떤 기분이 들었나요?

- 도치는 어떤 말을 쓰면서 달라지기 시작했나요?

중심 활동 2

나쁜 말을 할 때는

선생님이 들려주는 동화를 들으면서 책 내용을 떠올려 친구들과 여러 가지 물음에 대해 이야기한다.

학생 활동지 살펴보기

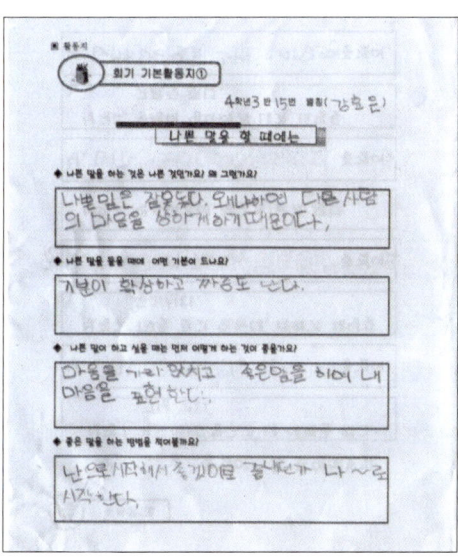

- 나쁜 말을 하는 것은 나쁜 것일까요? 왜 그럴까요?
- 나쁜 말을 들을 때 어떤 기분이 드나요?
- 나쁜 말을 하고 싶을 때는 먼저 어떻게 하는 것이 좋을까요?
- 좋은 말을 하는 방법을 적어 볼까요?

TIP

질문에 필요한 부분을 보완하여 활동지를 작성해서 활용해도 좋다.

나쁜 말을 할 때는

● 나쁜 말을 하는 것은 나쁜 것인가요? 왜 그런가요?

● 나쁜 말을 들을 때 어떤 기분이 드나요?

● 나쁜 말이 하고 싶을 때는 먼저 어떻게 하는 것이 좋을까요?

● 좋은 말을 하는 방법을 적어 볼까요?

중심 활동 3

나–전달법 카드를 활용한 이해 활동 하기: 나–전달법 사용하기

상담에서는 자신의 감정이나 의사를 표현할 때, 나–전달법을 사용하는 것이 바람직하다고 한다. 그래야 자신의 감정이나 의사가 상대방에게 불쾌하게 들리지 않기 때문이다. 초등학생들에게 바람직한 의사소통 지도를 위해 나–전달법을 소개한다.

    원래 나–전달법은 3단계로 이루어져 있다.
    1. 비난이나 비판, 평가가 없이 상대방의 행동 서술(묘사)
    2. 나에게 미치는 구체적 영향
    3. 나의 느낌과 감정 표현
    그런데 초등학생의 경우 이런 대화가 쉽지 않으므로 쉽게 이해시키기 위해 "나는 ~ (상황) 때 ~ (감정)하다고 느낀다." "나는 ~ (상황)때 ~ (감정)하고 싶어." 등의 방법으로 안내한다.

나–전달법 카드를 활용하여 다른 친구들과 너–전달법 카드의 내용을 어떻게 나–전달법으로 바꾸면 좋을지 카드를 맞추어 확인한다.

- 4명씩 모둠이 되어 앉는다.
- 활용 카드 1을 함께 읽어 보도록 한다.
- 상황 1과 상황 2에서 너-전달법 상황 후 엄마와 동생의 반응이 어떻게 이어질 지 상상해서 말해 보도록 한다.
- 상황 1과 상황 2에서 나-전달법 상황 후 엄마와 동생의 반응이 어떻게 이어질 지 상상해서 말해 보도록 한다.
- 활용 카드 2를 각자 적어 본다.
- 활용 카드 2에 적은 내용을 나-전달법, 너-전달법으로 2명씩 역할을 맡아 읽어 본다.
- 서로의 역할을 바꾸어서 해 보고 난 후, 느낌이 어떻게 다른지 말해 본다.

학생 활동지 살펴보기

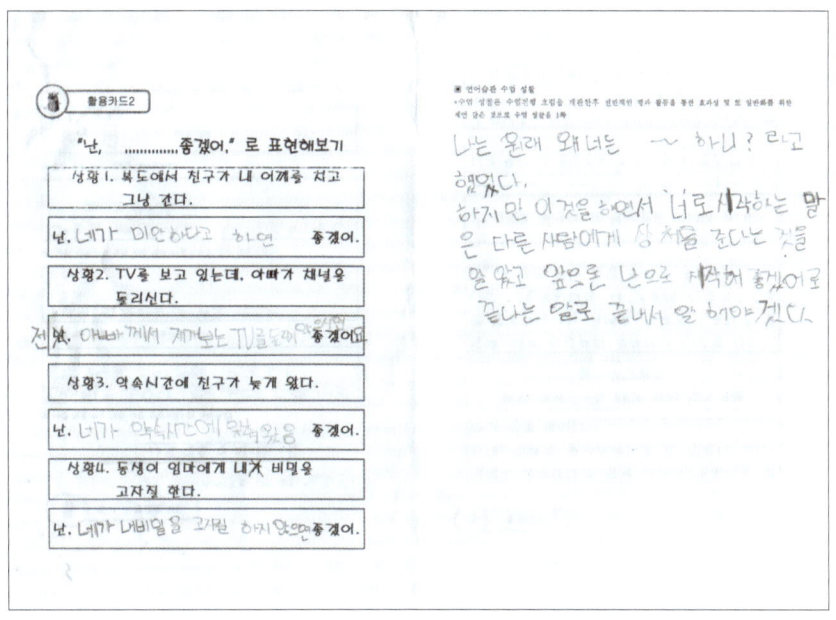

활동지 **복사해서 활용하세요!**

활용 카드 1

상황 1
공부하다가 잠깐 쉬려고 컴퓨터를 켰는데, 엄마가 "공부하라니까 또 컴퓨터 하니?"라고 하신다.

너-전달법	나-전달법
어우 진짜, 엄만 내가 언제 컴퓨터만 했다고 그래요!	엄마, 내가 지금까지 공부하다가 잠깐 쉬는 동안 컴퓨터 하려는 거예요. 엄마가 컴퓨터만 한다고 말씀하시니까 제 기분이 상해요. 정말 전 잠깐 쉬는 동안 하려고 했는데……

상황 2
동생이 내 장난감을 가지고 논다.

너-전달법	나-전달법
니가 뭔데 내 장난감을 가지고 놀아? 얼른 안 내놔?	내 장난감을 말도 없이 함부로 가지고 노니까, 형이 기분이 별로 안 좋아. 이번에는 용서할테니 다음부터는 꼭 형한테 말하고 가지고 놀아.

활동지 복사해서 활용하세요!

활용 카드 2

"난 ………… 좋겠어."로 표현해 보기

| 상황 1 | 복도에서 친구가 내 어깨를 치고 그냥 지나간다. |

난 _____ 좋겠어.

| 상황 2 | 내가 TV를 보고 있는데, 아빠가 채널을 돌리신다. |

난 _____ 좋겠어.

| 상황 3 | 약속 시간에 친구가 늦게 왔다. |

난 _____ 좋겠어.

| 상황 4 | 동생이 엄마에게 내 비밀을 고자질한다. |

난 _____ 좋겠어.

바람직한 언어습관을 길러요

 선택 활동

거울 보고 얘기하기

- 작은 손거울을 준비한다.
- 거울을 보고, 몇 가지 말을 해 본다.
  야, 이 못생긴 녀석아. 너 때문에 짜증이 나.
  야, 이 멋있는 녀석아. 너 때문에 기분이 좋아.

- 얼굴표정 바꿔 가며 말해 보기
  화난 얼굴을 하고 말하기
  "내가 가장 좋아하는 것은 (   )야."
  웃는 표정을 하고 말하기
  "내가 가장 싫어하는 것은 (   )야."

- 두 사람이 거울이 되어 말하기
서로 두 사람이 마주보고 거울이 되어 말하기. 한 사람이 말하면, 다른 사람은 그 사람이 말하는 것을 흉내 내어 말하기

- 활동을 마친 후 몇 명의 지원자를 선정하여 교실 앞에 나와 시연해 보게 한다.

역할극(Before/After) 하기

바람직하지 않은 언어 사용 상황문을 제시하고 나쁜 말을 했던 모습과 좋은 말을 하는 모습을 역할극으로 해 보고 차이점을 이야기한다.

바람직하지 않은 언어 사용 상황문

미술 시간이다. 스케치를 끝내고 색칠을 하려고 물통에 물을 떠와 옆에 놓고 물감을 짜서 색칠을 하던 중, 우리 분단 맨 앞에 앉아 있는 성훈이가 내 옆을 지나다 물통을 치는 바람에 물통이 엎어져 책상 위가 물바다가 되었다. 성훈이는
"미안해!"
하면서 지나갔다. 그런데 내 분이 풀리지 않는다.
'미안하다면 다야? 애써 그린 그림을 다 망쳤고 게다가 책상이 물바다가 됐는데!'
그래서
"너 이 자식, 미안하다면 다냐?"
라고 내가 언성을 높였다. 그러자 성훈이는
"뭐, 어쩌라고!"
라고 대꾸하며 오히려 짜증을 낸다. 그래서 난 울고 말았다. 옆에서 친구가 나에게 위로의 말을 해 주면 좋을 텐데…….

잠깐 하나, 둘, 셋 – 말하기 전에 생각하기 답답한 마음 그 스간 심호흡하나.

잠깐! 이야기를 나누다가 좋지 않은 감정이 생길 때는 이야기를 멈추고 심호흡을 해 봅니다.
하나…… 둘……셋……
마음속으로 하나, 둘, 셋 세면서 여유를 갖고 생각합니다.
'내가 하고자 했던 이야기는?'
'감정을 앞세우지 않고 말한다면?'
'이렇게 말하자! 이렇게 해 보자!'
어떻게 이야기할지 생각해 봅니다.

출처: 솔리언 또래 상담, 한국청소년상담원(http://www.kyci.or.kr)

천천히 말하기

주어진 감정을 천천히 말해 보는 연습을 한다.

- 두 가지 상황을 다르게 어떻게 말할지 미리 적어 본다.
- 처음에는 주어진 상황에서 흥분한 상황을 연출하여 화내면서 말하기를 해 본다. 속사포처럼 쏘아붙이듯이 말하기를 해 본다.
- 다음에는 깊게 심호흡을 하고, '잠깐 하나, 둘, 셋!' '나-전달법'을 떠올리며 말하기를 연습해 본다.

> **상황**
> 친구가 왔길래 숙제를 다 해 놓고 잠깐 나갔다 왔는데, 엄마는 알지도 못하면서 할 일도 안 하고 나가 놀기만 한다고 무턱대고 야단을 치시는 거야! 화가 난 나는 엄마에게 이렇게 말했어.

다짜고짜 화내면서 말하기	한 번 더 생각하고 천천히 말하기
(예) 엄만, 맨날 나한테 그래. 나 할 것 다 했는데…… 알지도 못하면서…… 엄마 미워!	(예) 후~(심호흡) 엄마! 제가 할 일 다 못하고 놀기만 할까 봐 걱정이세요? 저 이미 숙제 다 해 놓았어요. 앞으로도 할 일 먼저 해 놓고 놀테니 저를 믿어 주세요.

동영상 보고 생각과 느낌 나누기

동영상을 보고 생각과 느낌을 이야기 나눈다.

● 〈말의 힘〉(MBC 스페셜 한글날 특집다큐, 2009.10.9.)

밥을 두 개의 병에 담아 놓고 한 병에는 '고맙습니다. 감사합니다. 사랑합니다. 아이 예뻐라. 안녕' 등 계속해서 좋은 말을 해 주고 다른 한 병에는 '짜증나, 미워, 싫어, 못해, 못됐어, 됐거든' 등의 나쁜 말을 계속해서 해 주었다. 그러자 정말 놀라운 변화가 일어났다.
두 개의 병 모두 밥이 쉬고, '곰팡이'가 피었지만 그 면면은 아주 많이 달랐던 것이다. 좋은 말을 해 준 병에서는 하얗고 뽀송한 곰팡이가 피었고, 냄새마저 '누룽지' 향이 났다. 하지만 나쁜 말을 해 준 병에서는 시커멓고, 까만 곰팡이가 피었고, 참기 힘든 악취가 났다.

● 〈10대 욕에 중독되다〉(KBS 스페셜, 2009.3.8.)

이 다큐멘터리는 우리나라 10대들의 욕 사용 실태를 보여 주며 우리의 언어 습관에 대해 문제를 제기하고 있다.
다큐는 이런저런 다양한 환경의 아이들의 실제 언어를 담고 있고, 이에 대한 학부모의 반응과 지도자의 반응, 그리고 지도자들을 포함한 각계의 노력을 보여 준다.
또한 10대 본인들의 의견도 담고 있으며, 마지막 부분에서는 해외의 사례를 제시하여 이러한 현실을 개선하기 위해 어떠한 노력이 필요한가도 생각해 보는 기회를 마련하고 있다.

수업을 마치고... 아이들 생각

- 언어습관 수업을 통해 새롭게 알게 되었거나 나에게 도움이 된 것은 무엇인가요?
- 똑같은 말이라도 어떻게 하느냐에 따라 상대방의 기분이 달라지네요.
- '나는 ~~~하면 좋겠어.'라는 표현을 사용하는 것이 좋다는 것을 알았어요.
- 유치한 이야기인 줄 알았는데, 해 보면 서로 좋을 것 같아요.
- 내가 먼저 좋은 말을 해야 돼요, 상대방이 좋은 말을 먼저 해야 돼요?
- 말할 때, 너 보다는 나로 시작해야 하는 거요.

우리들의 가치사전

■ **좋은 말이란?**

- 다른 사람의 기분을 좋게 하는 말. 아끼는 인형을 갖고 왔는데 친구가 인형이 귀엽다고 해서 기분이 좋았다.
- 다른 사람을 칭찬해 주는 말. 밥을 잘 안 먹었는데 아침을 많이 먹었더니 엄마가 잘 먹는다고 말씀해 주셔서 지금은 잘 먹게 되었다.
- 다른 사람을 존중해서 하는 말. "너는 왜 이렇게 못하니?" 대신에 "너는 좀 더 노력을 했으면 좋겠어."
- 다른 사람을 행복하게 해 주는 말. 엄마가 나한테 그림을 잘 그린다고 해서 "엄마 닮아서 잘 그리는 거예요."라고 했다. 부회장이 되었는데, 친구들이 "2학기에 잘해 줬으면 좋겠어."라고 해 줘서 고마웠다.

선생님 한 줄 정의 — 좋은 말이란 상대방의 입장을 배려하여 내 생각과 감정을 바람직하고 적절한 언어로 표현하는 것!

수업을 마치고... 선생님 생각

학생들과 언어습관을 가지고 수업을 하는 것은 일반 국어 수업 시간과는 매우 다른 경험이다.

준비한 책을 소개했다, 『화내지 말고 예쁘게 말해요』. 이때 학생들의 반응이 시큰둥할 수 있다. 이 선생님이 왜 이렇게 유치한 책을 들고 왔나 하는 표정이다. 왜 그렇게 생각하는지를 물어보면 자기들은 그림책을 볼 수준은 넘었다는 대답이 돌아올 것이다.

나의 경우 수업에 참여해 주신 수업 보조 교사가 책을 읽도록 하여 그것을 학생들이 집중해서 들을 수 있는 분위기를 만들었다. 그러자 모두 조용히 책의 내용에 집중하였다. 이 방법 외에도 여러 가지 집중 유도 방법을 강구할 수 있다.

일단 학생들이 책 내용에 몰입하기 시작하면 진행이 훨씬 더 부드러워진다. 주인공인 도치가 화내고 말하는 상황이 나올 때 학생들이 그렇구나 하는 듯이 듣고 있었는데, 도치 머리 위의 구름이 번쩍! 우르르 쾅! 하고 번개와 천둥이 치는 대목에서 학생들이 좀 더 집중하게 되었고, 도치가 할머니를 만나서 구름을 없애는 방법을 듣는 대목에서는 더 귀 기울이는 모습을 볼 수 있었다.

나중에 언어습관의 문제를 해결하는 방법으로서 '난 ~했으면 좋겠어' 표현이 반복적으로 나오면서 학생들이 그 말이 상대방과의 관계를 긍정적인 쪽으로 이끌어 간다는 것을 알아차리는 것을 볼 수 있었다.

책을 읽은 후 학생들과 내용을 되돌아보면서, 말에 따라 어떻게 상황이 달라지는지 질문했을 때 아이들은 나쁜 말이 상대방과의 관계를 훼손할 수 있다는 점을 잘 찾아냈다. 또한 나쁜 말을 들었을 때의 경험을 나누자고 하자 그에 따른 자신의 감정 이야기도 솔직하게 잘 드러냈다. 예를 들면, 친구가 내 옆에 지나가면서 빈정거리는 투로 말을 했을 때 욕을 했었다는 이야기, 누나가 나에게 막 뭐라고 하면 나도 막 대들었다는 이야기 등 자신의 다양한 경험을 소개하여 나눌 수 있었다.

관련 도서 소개

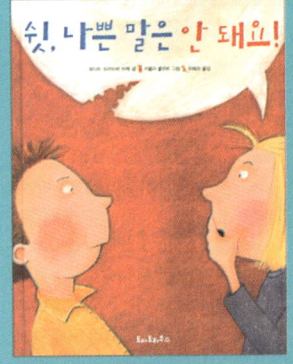

쉿, 나쁜 말은 안 돼요!
글 에디트 슈라이버 비케 | 그림 카롤라 홀란트 | 토마토하우스

아이들이 하는 나쁜 말 때문에 벌어지는 갈등과 해결 과정을 담은 그림책이다. 라오라와 레오는 사이 좋은 친구다. 어느 날 카드 게임을 하던 라오라는 레오에게 다섯 번이나 지자 화가 나서 레오에게 나쁜 말을 하고 만다. 라오라는 진심은 아니었지만 곧바로 사과를 하지 않았고, 레오는 그 뜻은 정확하게 몰랐지만 화가 나서 집으로 가버린다. 아이들이 해서는 안 되는 나쁜 말을 나쁜 얼굴을 한 '말 모양 풍선'으로 표현하고 있다. 서로에 대한 감정이 악화될수록 말 모양 풍선은 점점 더 커져 가지만, 둘이 화해하는 순간 말 모양 풍선은 그 어디에도 없다. 아이들이 성장하면서 관계를 맺게 되는 또래 친구들에게 할 수 있는 실수를 그리고 화해하는 과정을 통해 '왜 나쁜 말을 하면 안되는지' 자연스럽게 알려 준다.

이해 TIP 좋은 말 풍선과 나쁜 말 풍선을 활용하여 활동지를 만들어 활용한 뒤, 결과가 어떻게 달라질지를 예상해 보는 활동으로 연결하여 활용할 수 있다.

말은 상처를 주라고 있는 게 아니랍니다
글 엘리자베스 베르딕 | 그림 마리카 하인렌 | 지식더미

어린이들의 이해를 돕기 위해 눈높이에 맞는 낱말과 재미있는 그림을 활용하여 말을 할 때의 좋은 것, 상처 주는 것, 위로하는 것 등을 이해하기 쉽게 전달한다. 생각을 나타내는 데 가장 효율적인 '말'의 긍정성과 부정성을 동시에 살펴보고, 말로 누군가를 다치게 할 수도 있고, 도와줄 수도 있다는 것을 안내한다. 마지막 장에서 학교와 가정 및 보육시설에서 할 수 있는 기초적인 활동과 토론에 대해 소개하여 올바른 언어습관의 중요성을 강조하고 있다.

이해 TIP 말이 가지고 있는 감정과 관계를 다루고 있어서, 『화내지 말고 예쁘게 말해요』 책과 함께 긍정적 언어 습관을 이해하도록 돕는 데 활용할 수 있다.

대화가 필요해!
글 박현진 | 그림 윤정주 | 길벗어린이

비폭력대화훈련을 어린이의 눈높이에 맞게 소개하고 있다. 진정한 소통을 하기 위한 대화법은 4단계로 이루어지는데 관찰하기, 느낌 확인하기, 마음 알아보기, 원하는 것을 부탁하기의 순이다. 삽화를 통해 어떤 일이나 다른 사람의 행동을 성급하게 판단하거나 평가하지 않고 있는 그대로 보기(관찰하기), 관찰한 것에 대해 나 또는 다른 사람의 느낌이 어떤 건지 찾아보기(느낌 확인하기), 그 느낌이 무엇을 바라는 마음에서 나오는 것인지 알아보기(마음 알아보기), 또는 다른 사람이 필요로 하는 것을 말로 하기(부탁하기) 등 평화적으로 대화하기를 소개하고 있다. 또 뒤에 수록된 연습 카드는 자신의 느낌이나 마음을 나타내는 낱말을 익히는 데 유용하다.

이해 TIP 비폭력대화법의 어린이 버전으로 학생들에게 평화적으로 말하는 법에 관하여 단계적으로 이해시키는 데 활용할 수 있다.

나쁜 말은 재밌어!
글 정란희 | 그림 에스더 | 스콜라

태성이는 공부는 잘 하지만 말을 거칠게 하는 친구다. 말을 곱게 안 쓰고 행동거지도 무척 거친 아이라서 친구들은 태성이를 좋지 않은 친구로 생각한다. 그 때문에 친구들은 태성이와 짝이 되기도 싫어한다. 어느 날 집에 이모할머니가 오셔서 예쁘게 말하는 친구는 입에서 향기가 나고, 나쁜 말을 입에 달고 있으면 나쁜 냄새가 난다고 말씀하신다. 태성이는 진짜 그럴까 하고 의심하지만 정말 자기 입에서 구린내가 난다는 것을 알게 된다. 어린이들이 잘못 사용하는 말이 다른 사람에게는 큰 상처가 될 수 있다는 것을 또래 아이들의 이야기를 통해 자연스럽게 보여 주는 책이다. 또 부모님들의 잘못된 언어 습관도 함께 꼬집어 주어 부모님과 아이가 함께 읽으며 '말'에 대해 깊이 생각할 수 있는 기회로 삼을 수 있다.

이해 TIP 책에 나오는 말에서 말이 가진 힘의 의미를 이해하는 데 도움을 받을 수 있다. 선택 활동에서 소개한 〈말의 힘〉 동영상과 함께 활용하여 아이들에게 말의 중요성을 이해시키는 데 도움을 받을 수 있다.

바람직한 언어습관을 길러요

게임 중독 게임 중독에서 구해 주세요!

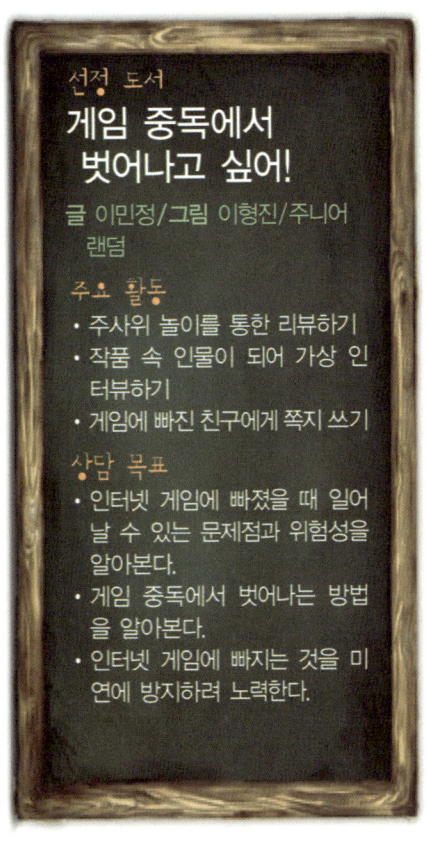

선정 도서
게임 중독에서 벗어나고 싶어!
글 이민정/그림 이형진/주니어랜덤

주요 활동
- 주사위 놀이를 통한 리뷰하기
- 작품 속 인물이 되어 가상 인터뷰하기
- 게임에 빠진 친구에게 쪽지 쓰기

상담 목표
- 인터넷 게임에 빠졌을 때 일어날 수 있는 문제점과 위험성을 알아본다.
- 게임 중독에서 벗어나는 방법을 알아본다.
- 인터넷 게임에 빠지는 것을 미연에 방지하려 노력한다.

공부 잘하고, 사물놀이 동아리 활동도 열심히 하던 우리 반 모범생 민성이. 그런데 며칠 전부터 수업에 집중하기를 몹시 힘들어하는 것이다. 졸기가 일쑤고, 얼굴도 까칠한 것이 자세히 보니 눈 밑에 다크서클까지 시커멓게 내려와 있었다. 걱정이 되어 민성이를 불렀다. 원인은 바로 인터넷 게임. 얼마 전 친구를 통해 알게 된 새 게임에 완전히 빠져서 엄마 눈을 피하느라 밤늦게까지 잠도 안 자고, 또 새벽에 몰래 일어나서까지 게임을 했다는 것이다.

"선생님~ 그러면 안 되는 건 아는데요……. 자꾸 게임 생각이 나서 끊을 수가 없어요."

민성이뿐만이 아니다. 몇 해 전 가르쳤던 3학년 준영이,

"선생님, 준영이가 오늘 학원에 안 왔대요. 혹시 아직 학교에 있나요?"

준영이 어머님한테서 걱정 어린 전화가 걸려 왔다. 제시간에 친구들과 함께 귀가한 준영이가 학원에도, 집에도 없다는 것이다. 한참 후 연락이 닿은 준영이는 놀랍게도 PC방에 가 있었다. 인터넷 게임을 하려고 학원 대신 PC방으로 간 준영이.

"형들이 거기 가면 게임 실컷 할 수 있다고 해서…… 선생님, 잘못했어요."

겁을 먹고 엉엉 우는 것을 보면 영락없이 어린아이인데, 이 어린 학생까지도 PC방이라는 낯설고 어두운 공간으로 끌어들일 수 있는 인터넷 게임의 위력! 인터넷 게임 중독이 우리 아이들에게 얼마나 심각한 일인지를 몸소 느낄 수 있는 계기가 되었다.

2010년 한국정보화진흥원 실태 조사 결과에 따르면 인터넷에 중독된 초등학생 수는 무려 32만 9천 명(13.7%)이다. 전체 인터넷 중독률은 낮아졌으나, 초등학생 중독률만 전년도 대비 2.9%가 늘어났다고 한다. 또 인터넷 서비스 이용 중 온라인 게임 이용은 인터넷 중독과 가장 밀접한 관계를 보였다고 한다. 그만큼 초등학생에 대한 인터넷 게임 중독 예방 교육이 필요하다고 볼 수 있다.

『게임 중독에서 벗어나고 싶어』는 우리 학생들과 비슷한 또래 친구인 주인공 찬규가 인터넷 게임에 빠져서 꿈, 우정, 건강 등을 잃게 되는 과정을 보여 줌으로써 아이들에게 인터넷 게임의 폐해를 백 번의 훈계보다도 절실히 느끼게 해 준다. 찬규가 게임의 세계에 빠지게 된 과정을 보면서 부모의 역할을 생각하게 하고, 게임 중독에서 빠져나오기 위해 노력하는 모습을 통해, 부모와 선생님, 친구들의 역할이 얼마나 중요한지도 느끼게 해 준다.

선정 도서

게임 중독에서 벗어나고 싶어!

글 이민정 **그림** 이형진 | 주니어랜덤 | 88쪽

일 때문에 멀리 계시는 아빠, 형과 아빠의 뒷바라지로 바쁜 엄마. 혼자 있는 시간이 많아지면서 찬규는 게임에 빠지게 되고, 성격은 난폭하게 변해 간다. 찬규는 엄마에게 거짓말을 하고, 시험을 볼 때 졸아서 선생님께 야단을 맞자 험한 말을 쏟아내기도 한다. 찬규의 친구 동욱이는 방학 동안 찬규네 집에 찾아가지만 찬규는 게임에만 빠져 동욱이를 쳐다보지도 않는다.

"나도…… 안 하려고…… 하는데…… 그게 맘처럼…… 안 돼……."
"진짜…… 그만두고…… 싶어도…… 자꾸… 손이 가. 나도……정

말…… 미치겠어."

 이렇게 말하는 찬규. 찬규는 게임에서 스스로 빠져나오기 힘든 지경에 처하고 말았다. 그리고 보다 못한 동욱이는 선생님에게 도움을 청한다. 그 후 찬규는 상담센터에서 게임 중독 치료를 시작하고 내일 일기를 통해 자신의 꿈을 설계하기 시작한다.

 자신의 꿈을 찾아가는 준서와 게임에 빠져 헤어나오지 못하는 찬규, 그리고 자기의 꿈을 찾지 못한 동욱이. 이 책은 게임의 문제점과 해결 방법을 알게 하는 것뿐 아니라 세 친구의 모습을 통해 꿈에 대해 생각해 보게 한다.

 TIP

도서 활용
- 책의 분량이 많으므로 교사가 책을 미리 읽고 요약하여 수업에 적용한다.
- 게임 중독이 되면 빠져나오기 힘들기 때문에 사전에 예방해야 함을 인식시키는 데 초점을 두어 지도한다.
- 게임 중독 예방을 위해서 자신의 의지가 강해야 하고 그와 더불어 가족, 선생님, 친구에게 도움을 청하는 것도 좋은 방법임을 강조한다.
- 인터넷 게임 중독 예방뿐만 아니라 동화 속 세 친구의 행동을 비교함으로써 바람직한 꿈 설계에 대해 생각해 보도록 한다.

 중심 활동 1

「게임 중독에서 벗어나고 싶어!」 리뷰하기

4명 이하의 학생이 주사위놀이를 하면서 책의 내용에 대해 이야기를 나눈다. 주사위를 던져 나올 질문을 통해 전반적인 인식 및 자기 적용을 돕고 카타르시스, 동일시, 통찰이 일어나도록 하는 활동이다.

놀이 방법
   1. 책의 맨 뒤에 있는 주사위 전개도로 주사위를 만든다.
   2. 학생들은 주사위를 굴려 나온 질문에 답변을 한다.

- 어느 부분이 제일 기억에 남나요?
- 찬규처럼 인터넷 게임에 빠져 있어서 하지 못하는 활동은 무엇일까요?
- 찬규처럼 인터넷 게임에 빠졌다면 그때의 마음은 어땠을까요?
- 찬규가 "나도 그만두고 싶은데 자꾸 손이 가. 나도 정말 미치겠어." 라고 말할 때 나는 어떤 생각이나 느낌이 들었나요?
- 내가 부모였다면 게임에만 빠져 있는 찬규에게 어떤 도움을 주고 싶나요? 그 이유도 말해 볼까요?
- 내가 찬규처럼 게임에서 겨우 빠져 나왔다면 엄마는 나를 보고 어떤 말과 행동을 했을지 표현해 볼까요?

중심 활동 2

작품 속 인물과 가상 인터뷰하기

주어진 질문 내용을 활용하여, 작품 속 인물들과 가상 인터뷰를 한다. 두 사람씩 짝을 이루어 1명은 기자가 되고, 1명은 책 속 인물인 찬규와 동욱이가 되어 서로의 의견을 말해 보도록 한다.

- 게임에 빠진 찬규의 입장이 되어 기자의 질문에 답변한다.
- 찬규의 친구인 동욱이의 입장이 되어 기자의 질문에 답변한다.

 TIP

먼저 게임에 빠졌을 때의 기분과 게임 중독의 문제점을 생각해 보게 한다.

그리고 친구로서 게임에 빠진 학생의 행동을 객관적으로 바라보고 그때의 마음을 경험해 보게 한다. 친구로서 게임에 빠진 친구를 돕는 방법에 대해 생각하고, 게임에 빠진 친구를 도왔을 때의 기분을 느껴 보도록 한다.

찬규와의 인터뷰

- 언제부터 게임에 빠지기 시작했나요?
- 게임을 하고 났을 때의 기분은 어떤가요?
- 게임에 빠지고 나서 얻은 것과 잃은 것이 있다면 무엇인가요? 그때의 기분은 어땠나요?

동욱이와의 인터뷰

- 찬규가 인터넷 게임에 빠진 후 행동은 어땠나요?
- 찬규가 게임만 하는 것을 볼 때 마음이 어땠나요?
- 찬규가 인터넷 게임 중독에서 벗어나도록 하기 위해 어떤 도움을 주었나요?
- 찬규가 인터넷 게임 중독에서 벗어난 후 어떻게 변했나요? 그때의 기분은 어땠나요?

엄마, 선생님과의 인터뷰

- 찬규가 인터넷 게임 중독에서 벗어나도록 하기 위해 어떤 도움을 주었나요?

학생 활동지 살펴보기

활동지 **복사해서 활용하세요!**

작품 속 인물들과 인터뷰

찬규와의 인터뷰
- 언제부터 게임에 빠져들기 시작했나요?

- 게임을 하고 났을 때의 기분은 어떤가요?

- 게임에 빠지고 나서 얻은 것과 잃은 것이 있다면 무엇인가요? 그때의 기분은 어땠나요?

동욱이와의 인터뷰
- 찬규가 인터넷 게임에 빠진 후 행동은 어땠나요?

- 찬규가 게임만 하는 것을 볼 때의 마음이 어땠나요?

- 찬규가 인터넷 게임 중독에서 벗어나도록 하기 위해 어떤 도움을 주었나요?

- 찬규가 인터넷 게임 중독에서 벗어난 후 어떻게 변했나요? 그때의 기분은 어땠나요?

엄마, 선생님과의 인터뷰
- 찬규가 인터넷 게임 중독에서 벗어나도록 하기 위해 어떤 도움을 주었나요?

 ## 선택 활동

게임에 빠진 친구에게 쪽지 쓰기

동화 속 찬규처럼 인터넷 게임에 빠져 있는 친구에게 쪽지를 보내는 활동이다.

- 다음의 친구 고민을 자세하게 읽는다.
- 자신의 경험 등을 통해 친구에게 어떤 도움을 줄 것인지 생각한다.
- 자신만의 해결 방법을 제시하고 친구를 위로하는 내용의 쪽지를 쓴다.

활동지 복사해서 활용하세요!

게임에 빠진 친구에게

안녕하세요?
저는 초등학교 5학년 학생입니다. 2학년 때부터 게임을 시작했는데 보통 하루에 3시간, 주말에는 5시간 정도 합니다. 요즘에는 엄마도 직장에 나가 늦게 들어오시기 때문에 게임 시간이 더 늘었습니다. 게임을 하다 보면 시간이 부족하여 학교 숙제를 하지 못해서 혼나고, 준비물도 자주 안 가져갑니다. 제가 생각해도 한심하다는 생각이 듭니다. 가끔씩 주말에 부모님이 외출하자고 해도 나가기 싫고, 혼자 남아 게임을 합니다. 학원 가는 시간에도 게임을 못하면 답답합니다. 게임에서 벗어나고 싶은데, 좀처럼 되지가 않습니다. 저를 도와주세요.

쪽지 쓰기

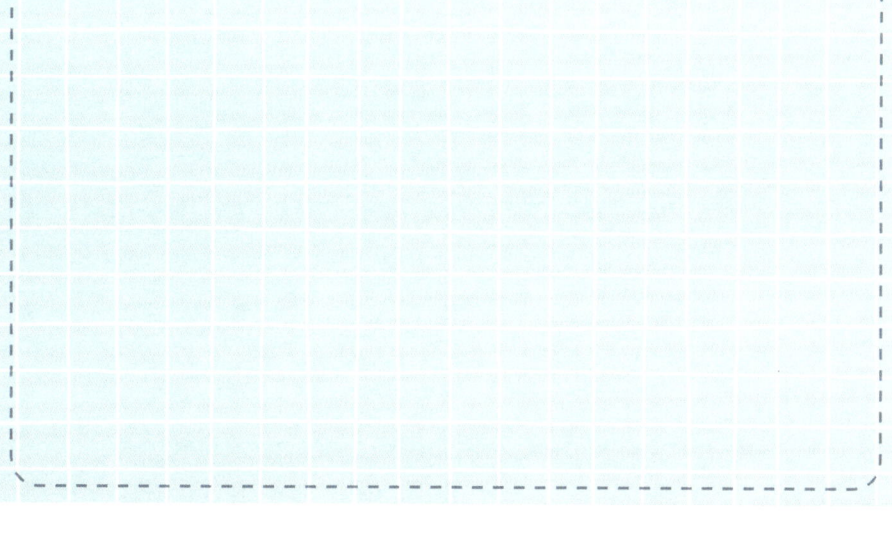

게임 중독에서 구해 주세요!

나의 인터넷 게임 중독 상태 알아보기

이 검사는 시험이 아니므로 잘하고 못하고가 없음을 알리고 정직하게 작성해 줄 것을 부탁한다.

- 〈아동용 인터넷 게임 중독 척도지〉를 나누어 준다.
- 1번 문항 내용을 읽고 작성 요령을 자세하게 설명한다.
- 모든 문항을 해결하면 총점을 내고 몇 점인지 물어본다.
- 척도 해석을 참고하여 점수에 해당하는 특성을 알려 준다.
- 검사를 하고 난 느낌과 소감을 들어 본다.
- 고위험 및 잠재적 위험 사용자는 추후 상담을 통해 도움을 준다.

아동용 인터넷 게임 중독 척도 문항

문항 내용	전혀 그렇지 않다	때때로 그렇다	자주 그렇다	항상 그렇다
1. 게임으로 인해 학교생활이 재미 없게 느껴진다.	1	2	3	4
2. 게임을 하는 것이 친한 친구와 노는 것보다 더 좋다.	1	2	3	4
3. 게임 속의 내가 실제의 나보다 더 좋다.	1	2	3	4
4. 게임에서 사귄 친구들이 나를 더 알아준다.	1	2	3	4
5. 게임에서 사람을 사귀는 것이 더 편하다.	1	2	3	4
6. 내 캐릭터가 다치거나 죽으면 실제로 내가 그렇게 된 것 같다.	1	2	3	4
7. 게임을 하느라 학교 숙제를 할 시간이 없다.	1	2	3	4
8. 게임을 하느라 해야 할 일을 못한다.	1	2	3	4
9. 게임하는 시간이 점점 길어진다.	1	2	3	4
10. 처음에 계획했던 게임시간을 지키기 어렵다.	1	2	3	4
11. 게임을 그만하라는 말을 듣고도 그만두기가 어렵다.	1	2	3	4
12. 게임 하는 시간을 줄이려고 하지만 잘 안 된다.	1	2	3	4
13. 게임을 안 하겠다고 마음먹고도 다시 게임을 하게 된다.	1	2	3	4
14. 게임을 하면서 전보다 짜증이 늘었다.	1	2	3	4
15. 다른 할 일이 많아도 게임을 먼저 한다.	1	2	3	4
16. 게임을 못하면 하루가 지루하고 재미 없다.	1	2	3	4
17. 게임을 안 할 때도 게임 생각이 난다.	1	2	3	4
18. 야단을 맞더라도 게임을 하고 싶다.	1	2	3	4
19. 게임을 하지 못하면 불안하다.	1	2	3	4
20. 누가 게임을 못하게 하면 화가 난다.	1	2	3	4
합계				
총점				/ 80

출처: 한국정보화진흥원 인터넷중독대응센터(www.iapc.or.kr)

아동용 인터넷 게임 중독 척도 해석

유형	분류 기준	특성	비고
고위험 사용자	게임 중독 점수 46점 이상	현실 세계보다는 가상의 게임 세계에 몰입하여 게임 공간과 현실 생활을 혼동하거나 게임으로 인하여 현실 세계의 대인관계나 일상생활에 부적응 문제를 보이며, 부정적 정서를 나타낸다. 혼자서 하루 2시간, 주 5, 6회 이상 게임을 하며 게임 행동을 조절하는 데 어려움을 보인다. 일반적으로 자기 통제력이 낮아 일시적인 충동이나 즉각적인 만족을 추구하며 인내력과 효율적인 문제 해결 능력이 부족한 경향을 보인다. 또한 공격적 성향이 높으며 자신에 대해 부정적으로 생각하는 경향이 강하다.	전문적 치료 지원 및 상담 요망
잠재적 위험 사용자	게임 중독 점수 36-45점	고위험 사용자에 비해 낮은 수준이나 가상 세계에 대해 더 많은 관심을 두고 게임에 몰입하는 경향을 보이며 게임과 현실 생활을 혼동하거나 게임으로 인하여 현실 세계의 대인관계, 일상생활에 문제를 나타내기도 한다. 하루 1시간 30분, 주 3, 4회 정도, 혼자서 게임을 하는 경향이 있다. 공격적 성향을 보이며, 자기 통제력이 낮고 충동적이며 자기 위주로 생각하고 말보다는 행동이 앞서는 경향이 있다. 자신에 대해 부정적으로 생각하는 경향을 나타내기도 한다.	게임 중독 행동 주의 및 예방 프로그램 요망
일반 사용자	게임 중독 점수 35점 이하	게임 습관을 스스로 조절할 수 있으며, 게임과 현실 세계에 대한 구분이 명확하여 게임으로 인해 정서적인 영향을 받지 않는다. 하루 1시간 이하, 주 1, 2회 이하 친구와 형제 등 주변 사람들과 함께 게임을 하는 등 인터넷 게임 사용을 적절하게 조절할 수 있다. 자신의 욕구를 조절하고 효율적으로 문제를 해결하는 경향을 보인다. 일시적인 충동에 의하거나 즉각적인 만족을 주는 문제 행동을 회피하고 인내할 수 있는 능력이 높다. 자신에 대해 긍정적으로 생각하는 경향이 강하다.	지속적 자기점검 요망

출처: 한국정보화진흥원 인터넷중독대응센터(www.iapc.or.kr)

아동용 인터넷 게임 중독 척도 문항

문항 내용	전혀 그렇지 않다	때때로 그렇다	자주 그렇다	항상 그렇다
1. 게임으로 인해 학교생활이 재미 없게 느껴진다.	1	2	3	4
2. 게임을 하는 것이 친한 친구와 노는 것보다 더 좋다.	1	2	3	4
3. 게임 속의 내가 실제의 나보다 더 좋다.	1	2	3	4
4. 게임에서 사귄 친구들이 나를 더 알아준다.	1	2	3	4
5. 게임에서 사람을 사귀는 것이 더 편하다.	1	2	3	4
6. 내 캐릭터가 다치거나 죽으면 실제로 내가 그렇게 된 것 같다	1	2	3	4
7. 게임을 하느라 학교 숙제를 할 시간이 없다.	1	2	3	4
8. 게임을 하느라 해야 할 일을 못한다.	1	2	3	4
9. 게임하는 시간이 점점 길어진다.	1	2	3	4
10. 처음에 계획했던 게임 시간을 지키기 어렵다.	1	2	3	4
11. 게임을 그만하라는 말을 듣고도 그만두기가 어렵다.	1	2	3	4
12. 게임 하는 시간을 줄이려고 하지만 잘 안 된다.	1	2	3	4
13. 게임을 안 하겠다고 마음먹고도 다시 게임을 하게 된다.	1	2	3	4
14. 게임을 하면서 전보다 짜증이 늘었다.	1	2	3	4
15. 다른 할 일이 많아도 게임을 먼저 한다.	1	2	3	4
16. 게임을 못하면 하루가 지루하고 재미 없다.	1	2	3	4
17. 게임을 안 할 때도 게임 생각이 난다.	1	2	3	4
18. 야단을 맞더라도 게임을 하고 싶다.	1	2	3	4
19. 게임을 하지 못하면 불안하다.	1	2	3	4
20. 누가 게임을 못하게 하면 화가 난다.	1	2	3	4
합계				
총점				/ 80

출처: 한국정보화진흥원 인터넷중독대응센터(www.iapc.or.kr).

활동지 복사해서 활용하세요!

아동용 인터넷 게임 중독 척도 해석

유형	분류 기준	특성	비고
고위험 사용자	게임 중독 점수 46점 이상	현실 세계보다는 가상의 게임 세계에 몰입하여 게임 공간과 현실 생활을 혼돈하거나 게임으로 인하여 현실 세계의 대인관계나 일상생활에 부적응 문제를 보이며, 부정적 정서를 나타낸다. 혼자서 하루 2시간, 주 5, 6회 이상 게임을 하며 게임행동을 조절하는 데 어려움을 보인다. 일반적으로 자기 통제력이 낮아 일시적인 충동이나 즉각적인 만족을 추구하며 인내력과 효율적인 문제 해결 능력이 부족한 경향을 보인다. 또한 공격적 성향이 높으며 자신에 대해 부정적으로 생각하는 경향이 강하다.	전문적 치료 지원 및 상담 요망
잠재적 위험 사용자	게임 중독 점수 36-45점	고위험 사용자에 비해 낮은 수준이나 가상 세계에 대해 더 많은 관심을 두고 게임에 몰입하는 경향을 보이며 게임과 현실 생활을 혼돈하거나 게임으로 인하여 현실 세계의 대인관계, 일상생활에 문제를 나타내기도 한다. 하루 1시간 30분, 주 3, 4회 정도, 혼자서 게임을 하는 경향이 있다. 공격적 성향을 보이며, 자기 통제력이 낮고 충동적이며 자기 위주로 생각하고 말보다는 행동이 앞서는 경향이 있다. 자신에 대해 부정적으로 생각하는 경향을 나타내기도 한다.	게임 중독 행동 주의 및 예방 프로그램 요망
일반 사용자	게임 중독 점수 35점 이하	게임 습관을 스스로 조절할 수 있으며, 게임과 현실 세계에 대한 구분이 명확하여 게임으로 인해 정서적인 영향을 받지 않는다. 하루 1시간 이하, 주 1, 2회 이하 친구와 형제 등 주변 사람들과 함께 게임을 하는 등 인터넷 게임 사용을 적절하게 조절할 수 있다. 자신의 욕구를 조절하고 효율적으로 문제를 해결하는 경향을 보인다. 일시적인 충동에 의하거나 즉각적인 만족을 주는 문제 행동을 회피하고 인내할 수 있는 능력이 높다. 자신에 대해 긍정적으로 생각하는 경향이 강하다.	지속적 자기점검 요망

출처: 한국정보화진흥원 인터넷중독대응센터(www.iapc.or.kr).

수업을 마치고... 아이들 생각

우리들의 가치사전

■ 게임 중독이란?
- 게임 중독이란 줄인형이다. 나의 생각과 상관없이 나를 조정하여 게임을 하기 때문이다.
- 게임 중독은 도둑이다. 나의 꿈과 우정을 빼앗아 가기 때문이다.

 선생님 한 줄 정의   게임 중독이란 과도한 게임으로 일상생활에 어려움이 생기는 것.

수업을 마치고... 선생님 생각

수업의 동기유발은 동화 속 찬규의 내일 일기 그림을 보여 주고 찬규, 준서, 동욱이가 어떤 아이인지 예상해 보는 것으로 시작하면 좋다. 동화의 내용은 실물화상기로 동화의 그림을 보여 주면서 요약 내용을 말해 주면 된다. 동욱이가 선생님께 도움을 요청하는 메일을 보내는 장면까지만 보여 주고 뒷이야기를 각자 상상해 보라고 말했을 때는 무척 아쉬워하고 궁금해하였다.

아이들은 인터넷 게임 중독에서 빠져나오기 위해서 엄마와 선생님의 입장에서 해결 방법을 이야기하였다.

"인터넷을 끊어버렸어요." "컴퓨터 시간을 정해 주었어요." "거실에 컴퓨터를 놔서 컴퓨터 시간을 줄였어요." "놀이공원에 데려갔어요." "상담센터에 보내 주고 아이와 함께 보내는 시간을 늘렸어요." "내일의 일기를 써서 꿈을 키워 나가게 했어요." 등 해결 방법을 스스로 찾아내는 아이들 모습에 마음이 뿌듯했다.

책의 내용 중 인터넷 게임 중독의 해결 방법은 들려주지 않았는데, 이는 아이들이 스스로 생각하여 해결 방법을 찾도록 하기 위해서였다. 다만 해결 방법은 부모님과 함께 이야기하여 실천하는 것이 중요함을 이야기할 필요가 있다. '주사위 활동'은 책 읽기 후 자칫 지루할 수 있는 시간에 활기를 불어넣어 주었다. '게임에 빠진 친구에게 쪽지 쓰기' 활동은 '작품 속 인물들과 가상 인터뷰하기' 활동에서 다루었던 해결 방법을 반복해 봄으로써 또 다른 해결책을 모색하거나 해결책을 정리할 수 있는 기회가 되었다. 상담 목표에 도달하기 위해서는 읽어 주는 책에 몰입할 수 있도록 분위기를 차분하게 조성하는 것이 중요하다. 이 시간을 계기로 학생들이 찬규처럼 인터넷 게임에 빠지지 않고 친구들과 함께 자신의 꿈을 향해 달려가기를 기대해 본다.

관련 도서 소개

노란 두더지
글 김종렬 | 그림 김영수 | 아이세움

초등학교 고학년인 주인공 형우는 게임을 매우 좋아한다. 형우는 몰래 PC방에 다녀와서 엄마에게는 청소당번이었다고 거짓말을 한다. 엄마에게 꾸중을 듣고 숙제 자료를 찾던 형우는 '노란 두더지'라는 게임에 빠져들게 된다. 게임을 한 번 시작하면 절대로 그만둘 수 없지만 형우는 두더지 게임을 시작한다. 혼내고 싶은 사람으로 잘난 태석이와 중학생 깡패 대식이, 그리고 잔소리가 심한 엄마를 정한다. 가상 세계에 빠진 형우는 현실과의 경계에서 혼란을 일으키고 게임을 끄려 했지만 마음대로 멈춰지지 않는다.

이해 TIP 이 책은 아이들이 컴퓨터 게임에 빠지면 자기 뜻대로 쉽게 벗어날 수 없다는 것을 알리려 하고 있다. 또 게임에 빠지면 현실 세계와 가상 세계를 구별하기 어려워져서 의도하지 않은 범죄를 저지를 수 있다는 것을 가르쳐 준다. 한편으로는 형우가 혼내고 싶어 하는 사람을 통해 형우가 가진 스트레스를 생각해 보게 해 준다. 인터넷 게임을 많이 한다고 혼내기 전에 게임에 빠질 수밖에 없었던 이유를 탐색해 봄으로써 게임에 빠진 아동을 이해하는 것이 우선이어야 함을 이야기한다.

토리, 게임 나라에서 탈출하다
글 오윤현 | 그림 설은영 | 스콜라

컴퓨터 게임을 너무 좋아해서 자다가도 벌떡 일어나는 토리. 게임하는 재미에 잠자는 것도 뒷전. 새벽에 몰래 게임을 하다가 아빠에게 들키고 만다. 엄마, 아빠는 토리의 게임 중독을 막아 보고자 마우스를 숨겨 두고 출근하고, 게임이 하고 싶은 토리는 학교 컴퓨터실에서 마우스를 훔쳐 온다.
훔쳐 온 마우스로 게임을 하다가 아빠한테 다시 들키고 만 토리. 따끔하게 혼난 토리는 마우스를 돌려놓기 전 마지막 게임을 하다가 졸음을 쫓기 위해 욕실 문을 열었다가 염소 아저씨의 이상한 PC방으로 들어간다.
공짜 게임을 마음껏 할 수 있고, 음료수도 공짜인 염소 아저씨네 PC방은 그야말로 천국이다. 하지만 토리는 화장실도 마음대로 가지 못한 채 게임만 해야 하고, 같은 반 친구의 비쩍 마른 모습도 보게 된다. 토리는 게임 나라에서 탈출하고, 그 사이 부모님은 토리를 번갈아 돌보기로 결정한다.

이해 TIP 이 책은 부모의 환경적 노력을 피해 어떻게든 게임을 하려고 하는 토리의 행동에서 게임 중독의 심각성을 엿볼 수가 있다. 그리고 게임만 강요하는 극단적인 상황을 제시함으로써 게임에 빠지면 자신의 의지로 쉽게 게임나라에서 빠져나가기 힘들다는 것과 게임 나라(중독)에서 탈출하기 위한 방법을 생각해 보게 한다. 또 부모의 무관심이 자녀의 인터넷 게임 중독에 얼마나 큰 영향을 미치는지 생각해 보게 해 준다.

게임지존 이동주

글 황연희 | 그림 나일영 | 국민출판사

컴퓨터 게임을 매우 좋아하는 모험초등학교 3학년 동주. 어느 날 아침 눈을 떠보니 동주는 게임 세계에 갇혀 있고 자신의 게임 캐릭터 마법동주가 현실 세계에서 자신의 역할을 하고 있다. 동주는 마법동주가 시키는 대로 게임 속에서 움직이게 되고 적으로부터 쫓긴다. 동주가 평소에 즐겁게 하던 게임 속으로 들어왔지만 재미가 없고 위험하여 게임 세계에서 벗어나고자 한다. 한편 현실 세계로 나온 마법동주는 동주를 게임 세계에 영원히 가두려 한다.

이해 TIP 요즘 아이들은 게임에 직접적으로 노출되어 있고, 그 폐해가 매우 심각하다. 친척들이 함께 모이는 자리에 가면 유치원에 다니는 아이들까지도 모이자마자 게임을 하겠다고 조르는 경우를 자주 보게 된다. 이 책은 게임에 빠지게 되면 현실 세계와 동떨어져 살게 되고, 부모와의 관계가 멀어질 수 있음을 보여 준다. 게임을 왜 조절해야 하는지, 게임을 조절하는 방법이 무엇인지 스스로 생각해 보게 한다.

탕탕 우라강 게임은 이제 그만

글 이본 브로쉬 | 그림 필립 제르맹 | 중앙출판사

클로에는 탕탕 우라강이라는 컴퓨터 게임을 무척 좋아하는 아이다. '우라강'은 불어로 '폭풍우'라는 뜻으로 탕탕 우라강은 요란하고 엄청난 파괴력을 지니고 있다. 클로에의 아빠는 클로에가 탕탕 우라강 게임에 빠져 있는 것을 못마땅하게 여기지만, 클로에는 재미있기만 한 탕탕 우라강 게임을 아빠가 왜 하지 못하게 하는지 이해하지 못했다. 그런데 아빠가 잠시 집을 비운 사이에 기가 막힌 일이 클로에에게 일어났다. 컴퓨터 속에서 닥치는 대로 장애물을 때려 부수던 탕탕 우라강이 클로에의 집에 진짜로 나타난 것이다. 그리고 컴퓨터 속에서 하듯이 클로에의 집 거실과 방을 닥치는 대로 난장판으로 만들어 놓았다. 탕탕 우라강을 사라지게 하는 방법은 간단했다. 단지 컴퓨터 코드를 뽑기만 하면 되었다. 탕탕 우라강이 집에서 사라지고 모든 사태가 수습된 후에 클로에는 아빠에게 다시는 탕탕 우라강 게임을 하지 않겠다고 약속한다.

이해 TIP 이 책은 학생들이 게임에 빠지게 되면 가상 세계와 현실 세계를 구분하지 못하는 상황이 생긴다는 것을 알려 주고 있다. 단지 컴퓨터 코드를 뽑기만 하면 되지만 그게 쉽지 않다. 게임에서 빠져 나오기 위해서는 자신의 의지로 맞서 싸워야 함을 이야기해 준다.

왕따, 얼룩진 마음의 상처

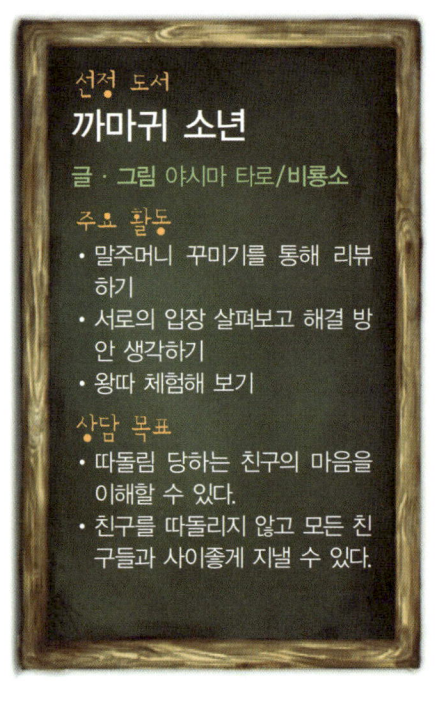

선정 도서
까마귀 소년
글·그림 야시마 타로/비룡소

주요 활동
- 말주머니 꾸미기를 통해 리뷰하기
- 서로의 입장 살펴보고 해결 방안 생각하기
- 왕따 체험해 보기

상담 목표
- 따돌림 당하는 친구의 마음을 이해할 수 있다.
- 친구를 따돌리지 않고 모든 친구들과 사이좋게 지낼 수 있다.

해마다 반 아이들에게 따돌림을 당하는 아이를 한두 명은 보게 된다. 그중 가장 심각했던 경우는 3년 전, 5학년 과학 전담 교사를 하던 때다. 유독 한 아이를 심하게 따돌리던 반이 있었다. 아무도 그 아이의 짝을 하려고 하지 않았고, 심지어 그 아이가 책상 옆을 지나가기만 해도 더러운 것을 피하는 양 몸을 피하며 혐오스러워하였다. 짝을 정해 주면 짝꿍이 된 아이는 아예 통로 쪽으로 책상을 옮겨가 앉을 정도였다.

그 정도가 너무 심해 하루는 따돌림 당하는 아이를 불러 개별상담을 했다. 상담 중 아이는 줄곧 죽고 싶다는 말을 반복했다. 왜 태어나게 했는지 부모님이 원망스럽다고 하기도 하고, 이렇게 살 바에야 죽어 버리는 게 낫겠다고 하소연했다. 가위나 칼을 보면 자해를 하고 싶은 충동이 일어나는데 자기가 죽으면 자기를 놀리던 아이들이 당황해하고 죄책감을 느낄 것 아니냐고, 그것이 그 아이들에 대한 최고의 복수가 될 것이라고 하였다.

　사태의 심각성을 느끼고 담임선생님과 의논하여 학급 전체를 대상으로 집단상담을 했다. 아이들에게 그 아이를 따돌리는 이유를 묻자 너무나 어이없게도 별다른 특별한 이유는 없다고 했다. 그 아이가 4학년 때도, 그 이전에도 따돌림을 당했기 때문에 자기들도 그 아이를 싫어하는 것뿐이라고 했다. 어떻게 이럴 수가 있나 싶었다. 특별한 이유도 없이 학급 전체가 한 아이를 죽음으로 몰아 가고 있었던 것이다. 현재 그 아이가 처한 상황과 그 아이가 품고 있는 생각들에 대해 이야기하자 아이들도 몹시 놀라는 듯하였다. 그 후 상황은 조금 나아졌지만 문제가 근본적으로 해결된 것은 아니어서, 아이는 끝내 다른 학교로 전학을 가고 말았다.

　아이들은 이렇게 특별한 이유 없이 한 아이를 따돌리는 것에서부터, 공부를 못한다고, 깔끔하지 않다고, 또는 너무 잘난 척 한다는 이유로 한 친구를 그들로부터 격리시키고 소외시킨다.

　지속적으로 따돌림을 당하는 아이는 자존감도 떨어지고 대인기피 및 여러 가지 부적응 문제를 보이게 되는데, 이때 학급 담임교사의 더욱 세심한 관심과 애정이 필요할 것이다. 이 책에서 땅꼬마가 이소베 선생님의 적극적인 관심과 돌봄으로 학예회의 주인공으로 우뚝 서게 됨으로써 극적인 반전이 이루어진 것처럼 말이다. 결국 왕따 문제 해결의 열쇠는 학급 담임과 아이들 모두에게 있는 셈이다. 선정한 책은 학생과 교사 모두에게 유용한 책으로 왕따 문제 해결에 교사의 역할이 매우 중요하다는 것을 알게 해 준다. 아이들의 마음을 움직이기 위해서는 훈육이나 이성적인 판단이 아닌 감성을 움직이는 일이 필요하다.

선정 도서

까마귀 소년

글·그림 야시마 타로 | 비룡소 | 40쪽

새로 전학 온 자그마한 아이는 선생님과 아이들을 무서워하여 아무하고도 어울리지 못한다. 아이들은 공부할 때도, 놀 때도 뒤처지고 꼴찌인 아이를 바보 멍청이, 땅꼬마라고 부르며 따돌린다. 왕따가 된 땅꼬마는 혼자서 놀 방법을 궁리해 내는데, 그것은 다른 사람들이 보지 않는 주변의 사물들을 혼자서 열심히 보는 것이다. 벌레와 풀잎을 관찰하고, 뒷산에 머루가 어디 있는지도 알아낸다. 타박타박 걸어 다니면서 자연에서 위로를 얻고, 자연을 알아 나간다.

아이들이 6학년이 되는 해, 학교에 다정다감한 이소베 선생님이 새로 오신다. 이소베 선생님은 아이들에게 자연과 함께할 수 있는 기회를 주시곤 했는데, 땅꼬마는 온갖 꽃에 대해서 다 알고 있고, 돼지감자와 머루가 어디에 많이 있는지도 알아 친구들을 놀라게 한다. 이소베 선생님은 땅꼬마에게 더 관심을 가지고 아이의 그림을 붙여 주고 잘 그렸다고 칭찬을 하시면서 땅꼬마에게 애정을 쏟는다.

모든 마을 사람과 아이들이 함께하는 학예회 날, 땅꼬마는 무대에서 그동안 관찰해 온 까마귀 울음소리를 흉내 내어 많은 사람들을 놀라게 한다. 이소베 선생님은 땅꼬마가 혼자 산길을 오가며 까마귀 울음소리를 배우게 되었다고 설명해 주신다. 선생님의 말에 아이들은 지난 6년 동안 자기들이 얼마나 땅꼬마를 못살게 굴었는지 생각하며 반성의 눈물을 흘린다.

TIP

도서 활용
- 땅꼬마가 왕따를 당하는 이유에 대해 알아보고, 그 이유가 왕따를 당할 만한 이유가 되는지 살펴보게 한다.
- 강렬한 인상을 주는 삽화는 실물화상기를 통해 보여 준다.
- 이야기를 읽어 줄 때 땅꼬마의 외로움을 효과적으로 표현한 부분을 실감나게 읽어 줌으로써 땅꼬마의 외로움을 느낄 수 있도록 해 준다.
- 왕따 문제는 훈육이나 교육보다 왕따를 당하는 아이의 마음을 헤아려 보게 하는 감정이입, 역지사지 관점에서 접근하는 것이 훨씬 더 효과적이다. 학생들이 땅꼬마의 마음을 충분히 헤아려 보게 한다.

『까마귀 소년』 리뷰하기

책을 이해한 내용에 대해 기록하고, 「까마귀 소년」의 마음을 헤아려 본다.

학생 활동지 살펴보기

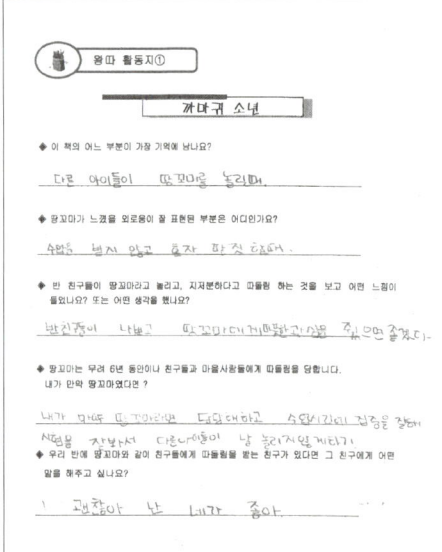

- 이 책의 어느 부분이 가장 기억에 남나요?
- 땅꼬마가 느꼈을 외로움이 잘 표현된 부분은 어디인가요?
- 반 친구들이 땅꼬마라고 놀리고, 지저분하다고 따돌리는 것을 보고 어떤 느낌이 들었나요? 또는 어떤 생각을 했나요?
- 땅꼬마는 무려 6년 동안이나 친구들과 마을 사람들에게 따돌림을 당합니다. 내가 만약 땅꼬마였다면 어땠을까요?
- 우리 반에 땅꼬마와 같이 친구들에게 따돌림을 받는 친구가 있다면 그 친구에게 어떤 말을 해 주고 싶나요?

활동지 복사해서 활용하세요!

까마귀 소년

- 이 책의 어느 부분이 가장 기억에 남나요?

- 땅꼬마가 느꼈을 외로움이 잘 표현된 부분은 어디인가요?

- 반 친구들이 땅꼬마라고 놀리고, 지저분하다고 따돌리는 것을 보고 어떤 느낌이 들었나요? 또는 어떤 생각을 했나요?

- 땅꼬마는 무려 6년 동안이나 친구들과 마을 사람들에게 따돌림을 당합니다. 내가 만약 땅꼬마였다면 어땠을까요?

- 우리 반에 땅꼬마와 같이 친구들에게 따돌림을 받는 친구가 있다면 그 친구에게 어떤 말을 해 주고 싶나요?

 중심 활동 2

서로의 입장 살펴보고 해결 방안 생각해 보기

『까마귀 소년』 삽화를 이용한 말주머니 꾸미기를 통해 서로의 입장을 살펴본다.

- 혼자 있는 까마귀 소년의 입장에서 마음의 소리를 읽어 본다.
- 까마귀 소년을 놀리는 친구들의 말을 옮겨 적어 본다.
- 이것을 보고 옳지 않은 일이라고 생각은 하지만 아무 말도 못하고 바라만 보고 있는 내 마음의 소리를 옮겨 본다.

각자의 위치에서 바람직한 해결 방안을 생각해 보고 이야기한다.

- 까마귀 소년 입장에서 친구들과 어울릴 수 있는 방법을 생각해 보고 이야기해 본다.
- 반 친구들은 까마귀 소년을 어떻게 대해야 할지 생각해 보고 이야기해 본다.
- 까마귀 소년을 따돌리는 반 친구들이 옳지 않음을 알고도 바라보고만 있는 나는 어떻게 해야 할지 생각해 보게 한다.

활동지 복사해서 활용하세요!

말주머니 꾸미기

왕따, 얼룩진 마음의 상처

선택 활동

침묵은 금이다?

- 침묵으로 방관자 역할을 하는 많은 아동이 사실은 동조자임을 알게 하는 활동이다.
- 먼저 2명의 활동자를 선정, 서로 마주보게 한 후 1명은 강자가 되어 마주 보고 서 있는 약자 역할을 맡은 친구를 놀린다.

- 1번의 상황에 2명을 더 투입, 강자 친구 옆에 서 있게 하되, 말이나 몸짓을 하지 못하게 하고 단지 서 있게만 한다. 강자 역할을 맡은 아동은 1번 상황처럼 약자 역할을 맡은 친구를 놀린다.
- 1, 2번 역할극이 끝난 후, 강자 역활을 했던 아동에게 1번과 2번 상황에서의 느낀 점을 이야기하게 한다.
- 이 경우 침묵하면서 옆에 서 있기만 한두 명의 친구로 인해 강자 역할을 한 아동은 더 많은 힘을 얻게 된다. 이러한 활동을 통해 침묵과 방조가 동조 역할을 한다는 것을 알게 한다.
- 다른 친구가 또 다른 친구를 따돌릴 때 옳지 못하다고 이야기하고 적극적으로 말려야 함을 알게 한다.

왕따 체험해 보기

- 학급 분위기를 진지하게 조성한 후, '까마귀 소년' 왕따 체험 상황극을 연출한다고 이야기한다.
- 왕따 체험 희망자를 선정한 후 각자의 역할을 설명한다.
- 왕따 체험자는 돌아다니면서 까마귀 소년이 되어 친구들에게 말을 건네 보지만 반 친구들은 왕따 체험자를 철저하게 무시하거나 면박을 주는 등 '까마귀 소년'의 반 친구들이 했던 것처럼 왕따 체험자를 따돌리도록 한다.
- 왕따 체험자는 평소 반 친구들을 따돌리는 아동이 있을 경우 동의를 얻어 담임이 지명할 수도 있고, 지원자 중에서 선정할 수도 있다. 단, 자아가 약한 아동의 경우 마음에 상처를 입을 수도 있으니 선정에 주의를 기울여야 한다.
- 상황극이 끝난 후 체험자와 반 아이들의 느낌과 소감을 들어 본다.

활동지 복사해서 활용하세요!

왕따 체험 상황극

● 왕따 체험 상황극을 준비하면서 어떤 생각을 했나요?

● 왕따 체험 상황극을 마치고 새롭게 한 생각이나 느낀 점은 무엇이 있나요?

수업을 마치고... 아이들 생각

우리들의 가치사전

■ **왕따란?**
- 왕따란 괴로움이다.
- 왕따란 친구를 죽이는 것이다.
- 왕따란 겨울 같다. 춥고 외롭기 때문이다.
- 왕따란 폭력이다.
- 왕따란 친구에게 상처를 주는 것이다.

왕따란 한 겨울의 칼바람 같아 매섭고 눈물나게 하고 몸과 마음을 모두 얼어 붙게 하는 것.
왕따란 아픔을 짊어진 친구, 우리가 보듬어 줘야 하는 친구.

왕따, 얼룩진 마음의 상처

수업을 마치고... 선생님 생각

1학기에 전학 온 은정이는 또래보다 키가 크고 성격이 괄괄하며 말이 많은 아이다. 좋게 말하면 활동적이면서 매우 쾌활한 성격이고, 부정적으로 보자면 자기 중심적이고 고집이 센 아이다. 전 학교에서도 3년 동안 아이들과 잘 지내지 못했다고 스스로 친구 문제의 어려움을 토로하기도 했다. 전학 온 날부터 크고 작은 문제로 아이들과 부딪히는 횟수가 점점 늘어나면서 차츰 여자 아이들로부터 왕따를 당하는 듯한 현상이 발생했다. 문제가 발생할 때마다 아이들을 불러 개인상담을 하기도 하고, 집단상담을 하기도 했지만 화해 분위기는 그때뿐. 얼마 못가 또 문제가 발생하곤 했다.

이 문제를 해결하기 위해 재량시간에 『까마귀 소년』이라는 책을 활용해 프로그램을 운영해 보았다. 먼저 활동지를 통해 내용 이해를 시키면서 정서적으로 접근했다. 정서를 자극할 수 있는 질문을 넣은 활동지를 만들고, 삽화를 이용한 말주머니 꾸미기 활동을 통해 땅꼬마가 느꼈을 외로움을 감정이입해 볼 수 있게 했다. 이러한 활동을 통해 따돌림 당하는 친구가 얼마나 황폐해지고 망가질 수 있는지에 대해 아이들이 조금이나마 알도록 했다.

특히 침묵하고 방조하는 것이 옳지 않은 행동에 일조함을 알게 한 선택 활동이 아이들에게는 무척 인상적이었나 보다. 또한 왕따 체험 활동은 연극처럼 꾸며진 상황임에도 불구하고 실제로 아이들이 냉담하게 대하자 서럽고 눈물이 났다고 말을 하면서 따돌림 당하는 친구의 마음이 조금은 이해가 된다고 하였다. 특히 사이가 안 좋아 은정이를 은근히 따돌렸던 미희는 왕따 체험을 자청해서 해 본 후 울먹이면서 잠깐이었지만 너무 힘들었다고 소감을 말하기도 했다. 이런 일이 자기한테 일어난다면 무척 힘들 것 같다고 했다.

우리 반의 경우 은정이를 왕따시키려는 아이들도 문제지만, 은정이의 독불장군식 성격이 문제의 발단이 되는 경우가 많았기 때문에 은정이 또한 자신의 문제점을 인지하고 친구들과 잘 어울리기 위한 노력이 필요하다고 하겠다.

중심 활동 중에 '내가 만약 땅꼬마였다면 어땠을까요?'라는 질문이 있는데 몇몇 아이들은 잘 어울리기 위해 노력하겠다고 답했지만, 대부분의 아이들이 전학을 가겠다든지 이민을 가버리겠다고 답을 했다.

앞서 예로 든 은정이만 보더라도 전학이 문제의 해결 수단이 될 수는 없다. 아이들에게 문제를 회피하기보다는 능동적인 자세로 문제와 직접 부딪혀 해결해 보려고 하는 적극적인 의지가 필요함을 알려 주어야 한다.

관련 도서 소개

양파의 왕따 일기

글 문선이 | 그림 박철민 | 파랑새어린이

왕따를 당하는 친구의 서글픔보다 왕따를 주동하는 아이들의 갈등과 행동에 초점을 맞춰 아이들이 무슨 생각으로, 무엇 때문에 그런 몹쓸 짓에 휘말리게 되는지, 또 옳고 그름을 깨달았을 때 어떻게 행동해야 하는지를 자연스럽게 풀어 나가는 책이다.

정화는 4학년 올라와서는 단짝이 없어 속상해 하던 중 미희라는 친구와 사귀고 싶어 한다. 양미희는 학급에서 가장 인기가 많은 아이로, 따르는 친구들이 많아 미희와 그 친구들의 그룹을 '양파'라고 부르는데 우연한 기회에 양파에 들게 된 정화는 너무나 기쁘고 신이 나지만, 양파 친구들이 반 아이들을 따돌리고 있음을 알게 된다. 특히 미희의 라이벌인 정선이와 대립을 하게 되면서 같은 양파였던 정선이를 따돌리게 되고, 이 상황에서 정화는 괴로워한다.

이해 TIP 고학년을 담임할 경우 한 번쯤 경험했을 법한 여학생들의 집단따돌림. 미묘한 감정 싸움과 주도권 다툼은 남학생들의 사소한 다툼과는 비교가 안 될 만큼 복잡하고 신경이 많이 쓰이는 문제다. 4, 5학년 여학생들의 집단따돌림 상황에 적합한 자료이며 학급의 짱이 이끄는 그룹에 끼고 싶어 하는 주인공과 주변 친구들의 행동이나 심리 묘사가 잘 되어 학생들의 공감대 형성이 자연스럽게 이루어질 수 있을 것이다.

무지개 물고기

글·그림 마르쿠스 피스터 | 시공주니어

깊고 푸른 바다에 아름다운 무지개 색 비늘 사이에 반짝이는 비늘이 박혀 있는 무지개 물고기가 있었는데, 자기의 아름다운 모습에 우쭐한 무지개 물고기는 다른 물고기들과 어울리지 않는다. 친구들이 아름다운 반짝이 비늘을 하나만 달라고 해도 자기의 아름다움을 나누고 싶지 않아 거절하자 친구들은 더 이상 무지개 물고기 곁에 오지 않는다. 외로움을 느낀 무지개 물고기가 문어 할머니를 찾아 고민을 털어놓자 문어 할머니는 아름다운 비늘을 친구들에게 하나씩 나누어 주면 세상에서 가장 아름다운 물고기는 될 수 없어도 행복한 물고기가 될 거라고 얘기해 준다. 문어 할머니의 이야기를 듣고 무지개 물고기는 친구들에게 아름다운 은비늘을 하나씩 나누어 주고, 친구들이 다시 자기와 친구가 되어 주자 행복해진다.

이해 TIP 왕따 문제에 있어 왕따를 시키는 주체뿐만 아니라 주동자 주변의 아이들의 군중심리와 폭력성이 더 문제를 악화시키는 경우가 있다. 따돌리는 주체의 권력에 힘입어 자존감이 약한 아이들이 약자인 소수 친구들을 집중 공략하는 예인데, 약자로 보이는 친구들에 대한 무시와 폭력은 그 친구뿐만 아니라 자기 자신도 황폐화시킨다는 점을 알게 하여 이 세상은 모두가 함께 도우며 더불어 살아가야 함을 깨닫게 하면 좋을 것이다.

겁쟁이

글 이상권 | 그림 유진희 | 시공주니어

아이들이 왕따를 시키는 이유는 여러 가지가 있다. 공부를 못한다고, 지저분하다고, 심지어는 자기들이 좋아하는 연예인을 좋아하지 않는다고……. 수민이는 뱀을 무서워한다는 이유로 겁쟁이라고 놀림을 당하면서 왕따를 당하는데 우연한 기회에 뱀을 기르게 되면서 뱀과 친숙해지고, 그것을 시작으로 여러 과정을 거쳐 왕따를 면하게 된다. 뱀을 무서워한다는 것이 왕따를 당하는 이유가 될 수 있을까? 요즘 세대에서는 황당한 이야기로 들리겠지만, 그 옛날 뱀을 잡아 용돈벌이를 했던 세대 배경을 알면 이해할 수 있는 이야기다.

이해 TIP 이 책은 왕따를 당하는 수민이가 자신의 약점인 뱀을 무서워하는 것을 극복하면서 왕따에서 벗어난다는 데 초점이 있다. 왕따를 시키는 아이들에 대한 지도를 하는 동시에 함께 왕따를 당하는 아이들이 자신의 문제점을 생각해 보고 그것을 극복해 나가도록 돕는 것도 왕따 문제를 예방하고 해결하는 방안이 될 수 있다.

무서운 학교 무서운 아이들

글 송재찬 | 그림 양상용 | 푸른책들

초등학교 교실에서 일어나는 집단따돌림 현상을 주제로 실화를 바탕으로 쓴 동화다. 늑대라는 별명의 기태를 중심으로 이루어지는 폭력과 집단따돌림, 그리고 그것을 숨죽이며 지켜볼 수밖에 없었던 동균이의 이야기다. 방관자 입장에서 괴로워하던 동균이도 결국 기태에게 걸려들게 되고, 견디다 못한 동균이가 담임선생님께 쓴 편지로 인해 사건 전모가 밝혀져 사태가 수습된다. 학교폭력과 왕따의 피해자들이 입은 마음의 상처를 세밀하게 묘사한 작품이다.

이해 TIP 5, 6학년에게 적합한 책이다. 남학생들 사이에 흔히 있을 수 있는 폭력이 수반되는 따돌림 문제를 다루고 있다. 가해자 기태, 방관자 동균이, 그리고 다수의 피해자들이 등장한다. 이야기에 등장하는 여러 주인공들의 모습 중 나는 어디에 속할까 생각해 보게 하는 것도 좋을 것이다. 다수의 방관자들의 동조 속에서 이어지는 폭력에 대해 그 입장이 된다면 나는 어떻게 할 것인가를 생각해 보게 하고, 신체적 폭력만이 아닌 언어·심리정서적 압박 등을 통해 이루어지는 다양한 형태의 폭력에 대해서도 함께 생각해 보면 좋다.

자아존중감 세상에서 가장 소중하고 사랑스러운 나

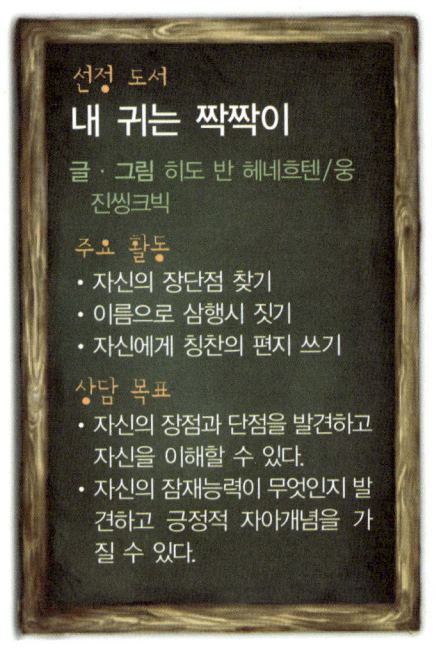

선정 도서
내 귀는 짝짝이
글·그림 히도 반 헤네흐텐/웅진씽크빅

주요 활동
- 자신의 장단점 찾기
- 이름으로 삼행시 짓기
- 자신에게 칭찬의 편지 쓰기

상담 목표
- 자신의 장점과 단점을 발견하고 자신을 이해할 수 있다.
- 자신의 잠재능력이 무엇인지 발견하고 긍정적 자아개념을 가질 수 있다.

예성이는 무엇이든지 잘하는 아이다. 공부도, 피아노도, 그림도, 컴퓨터도, 축구도. 정말 뭐든 열심히 하는 모습이 보기 좋은 아이인데 그런 예성이에게 한 가지 안타까운 점이 있다. 학교생활에서 다른 친구가 예성이보다 좀 더 잘하거나 선생님께 칭찬받는 일이 있으면 선생님의 눈치를 보면서 어떻게든 그 아이보다 눈에 더 띄어 칭찬받으려고 하고, 뜻대로 되지 않으면 풀이 죽은 모습으로 눈치를 보는 것이다.

반대로 지석이는 특별히 잘하는 것이 없는 아이다. 공부도, 피아노도, 그림도, 컴퓨터도, 축구도. 그래도 자신이 부족한 대로 만족하면서 '노력하면 되지.'라고 긍정적인 생각으로 생활한다. 자신이 실수한 것은 사과하고, 친구들에게 자신의 물건을 잘 빌려주고, 못하는 축구지만 이리저리 열심히 뛰어다니는 지석이는 친구들에게 인기가 많다.

그러던 어느 날 자신이 생각하는 자신의 모습을 그려 보는 시간이 있었다. 그런데 예성이는 도화지 아랫부분에 조그맣고 화가 난 모습으로, 지석이는 중앙에 크고 환하게 웃는 모습으로 자신을 표현했다. 뭐든 잘하는 예성이보다 부족하지만 긍정적으로 자신의 모습을 바라보는 지석이가 훨씬 더 자아존중감이 높은 것으로 보인다.

자아존중감은 자기 자신을 얼마나 가치 있고 긍정적인 존재로 평가하는지에 관한 개념이다. 자아존중감이 높은 아이들은 어떠한 상황에서도 자신을 가치 있고 소중한 존재로 여기며 긍정적이고 능동적인 변화를 만들어 낸다.

요즘 부모들은 내 아이가 다른 아이와 비교해서 부족한 부분이 있으면 이를 보충하고자 3~5개의 학원을 선택해서 방과 후 활동을 하게 한다. 그래도 부족한지 다른 집 부모가 특별한 방과 후 활동을 시키면 내 아이가 그 아이보다 뒤질까 불안해한다. 무엇이든 잘해야 하는 세상에서 아이들은 자신이 잘하는 것보다 못하는 것에 신경을 쓰며 힘들어한다.

자신의 있는 그대로의 소중함보다 무언가를 잘해야 다른 사람들로부터 인정받는다고 생각하는 아이들 중 대다수는 조그마한 실패에도 쉽게 좌절하고 자신의 부족한 부분에 열등감을 갖고 마음 아파하는, 자아존중감이 낮은 아이들이다.

『내 귀는 짝짝이』는 이렇게 자아존중감이 낮은 아이들이 남과 다른 자신의 모습을 수용하고 자신이 다른 사람과 다를 뿐 잘못된 사람이 아님을 알도록 한다. 자신을 소중히 생각하는 마음과 바람직한 자아존중감을 형성하는 데 좋은 자료가 될 것이다.

선정 도서

내 귀는 짝짝이
글·그림 히도 반 헤네흐텐 | 웅진씽크빅 | 24쪽

리키는 친구들과 달리 한쪽 귀가 아래로 처져 있는 토끼다. 리키는 처진 귀로 인해 다른 토끼로부터 놀림을 많이 받자 처진 귀를 세워 보려고 여러 가지 방법을 강구한다. 나무에 거꾸로 매달리기도 하고, 귀에 당근을 넣어 세우는가 하면, 귀에다 풍선을 달아 보는 등 온갖 방법을 사용해서 귀를 세우려고 하는 것이다. 하지만 이런 노력에도 리키의 귀는 여전히 처져 있고, 친구들은 리키의 귀와 그의 우스꽝스러운 행동을 놀려대기 일쑤다.

리키는 고민 끝에 병원의 의사 선생님을 찾아가 진찰을 받는다.

의사 선생님은 오른쪽 귀가 힘이 조금 없는 것을 빼고는 아무 이상도 없다는 것과 원래 모든 귀는 다 다르게 생겼다는 이야기를 해 주신다. 이를 들은 리키는 이제야 비로소 자신감을 가지고 친구들 앞에 당당하게 나서 보기로 결심한다.

리키는 친구들에게 자기처럼 당근을 한쪽 귀에 달아 보는 것이 얼마나 재미있는 일인지 이야기해 준다. 리키의 말에 친구들도 귀에 당근을 달아 보면서 함께 어울리며 즐거워한다.

TIP

도서 활용
- 키가 큰 사람, 키가 작은 사람, 얼굴이 네모 난 사람, 얼굴이 둥근 사람, 노래를 잘 부르지만 운동을 잘 못하는 사람, 운동은 잘 하지만 그림을 잘 못 그리는 사람, 인내심이 많은 사람, 화만 내는 사람 등…… 이런 서로의 다른 모습으로 인해 누구나 말 못할 고민이 있고, 그 고민을 어떻게 받아들이고 헤쳐 나가야 하는지 아는 것이 그 고민을 해결하는 첫걸음임을 알게 한다.
- 주인공 리키도 남들과 모습이 달라 고민한다. 그 고민을 받아들이고 해결하는 과정을 보면서 자신의 소중함을 알고 긍정적인 대인관계를 형성할 수 있음을 깨달을 수 있도록 지도한다.
- 짧은 그림 동화이기 때문에 가급적 그림을 함께 보여 주면서 내용을 이야기 하는 것이 도움이 된다. 자신의 결점을 극복한 위인들의 사례도 함께 이야기하는 것이 좋다.

세상에서 가장 소중하고 사랑스러운 나

 중심 활동 1

『내 귀는 짝짝이』 리뷰하기

『내 귀는 짝짝이』의 동화 속 중요 그림을 보여 주고 질문을 통해 내용 이해를 돕도록 한다. 이때 내용 이해에 그치지 않고 주인공 리키와 자신의 입장과 비교하여 자신의 장점과 단점을 구체적으로 살펴보는 시간을 갖도록 한다.

학생 활동지 살펴보기

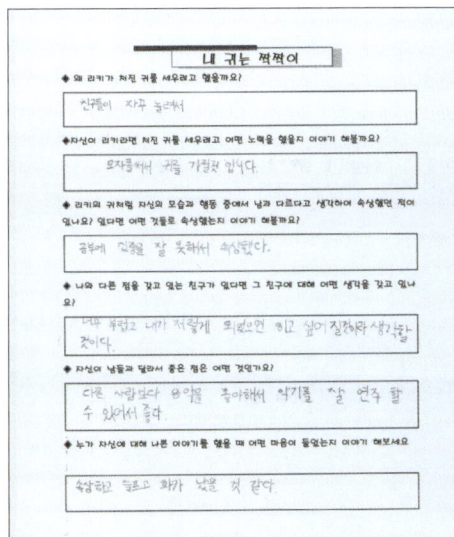

- 누가 나에 대해 나쁜 이야기를 했을 때 어떤 마음이 들었는지 이야기해 보세요.

- 왜 리키는 처진 귀를 세우려고 했을까요?
- 내가 리키라면 처진 귀를 세우려고 어떤 노력을 했을지 이야기해 볼까요?
- 리키의 귀처럼 나의 모습과 행동 중에서 남과 다르다고 생각하여 속상했던 적이 있나요? 있다면 어떤 것들로 속상했는지 이야기해 볼까요?
- 나와 다른 점을 갖고 있는 친구가 있다면 그 친구에 대해 어떤 생각을 갖고 있나요?
- 내가 남들과 달라서 좋은 점은 어떤 것인가요?

활동지 복사해서 활용하세요!

내 귀는 짝짝이

- 왜 리키는 처진 귀를 세우려고 했을까요?

- 내가 리키라면 처진 귀를 세우려고 어떤 노력을 했을지 이야기해 볼까요?

- 리키의 귀처럼 나의 모습과 행동 중에서 남과 다르다고 생각하여 속상했던 적이 있나요? 있다면 어떤 것들로 속상했는지 이야기해 볼까요?

- 나와 다른 점을 갖고 있는 친구가 있다면 그 친구에 대해 어떤 생각을 갖고 있나요?

- 내가 남들과 달라서 좋은 점은 어떤 것인가요?

- 누가 나에 대해 나쁜 이야기를 했을 때 어떤 마음이 들었는지 이야기해 보세요.

중심 활동 2

마인드맵 활동 하기

- 『내 귀는 짝짝이』를 읽고 이야기 속의 주인공 리키는 어떤 동물인지 살펴본다.
- 리키의 행동, 특징, 성격, 마음 등 리키에 대해 생각나는 단어를 적어 보도록 한다.

학생 활동지 살펴보기

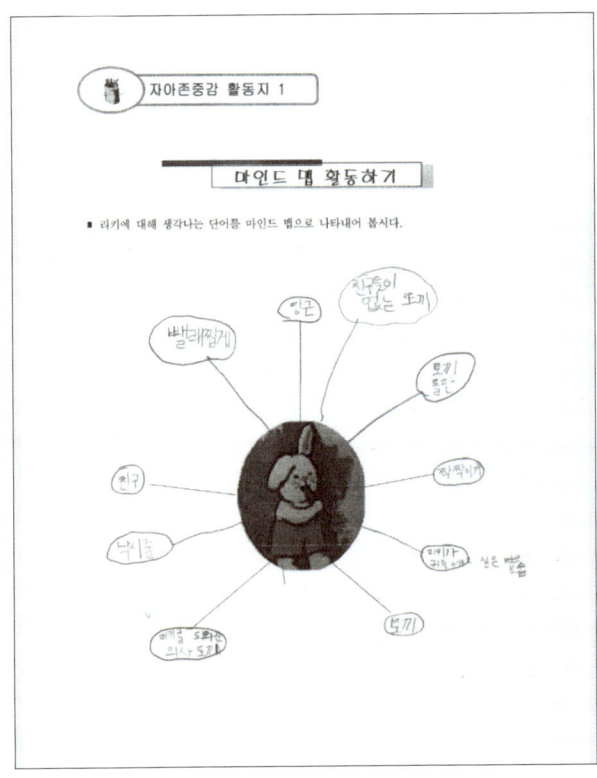

활동지 복사해서 활용하세요!

마인드맵 활동 하기

리키에 대해 생각나는 단어를 마인드맵으로 나타내 봅시다.

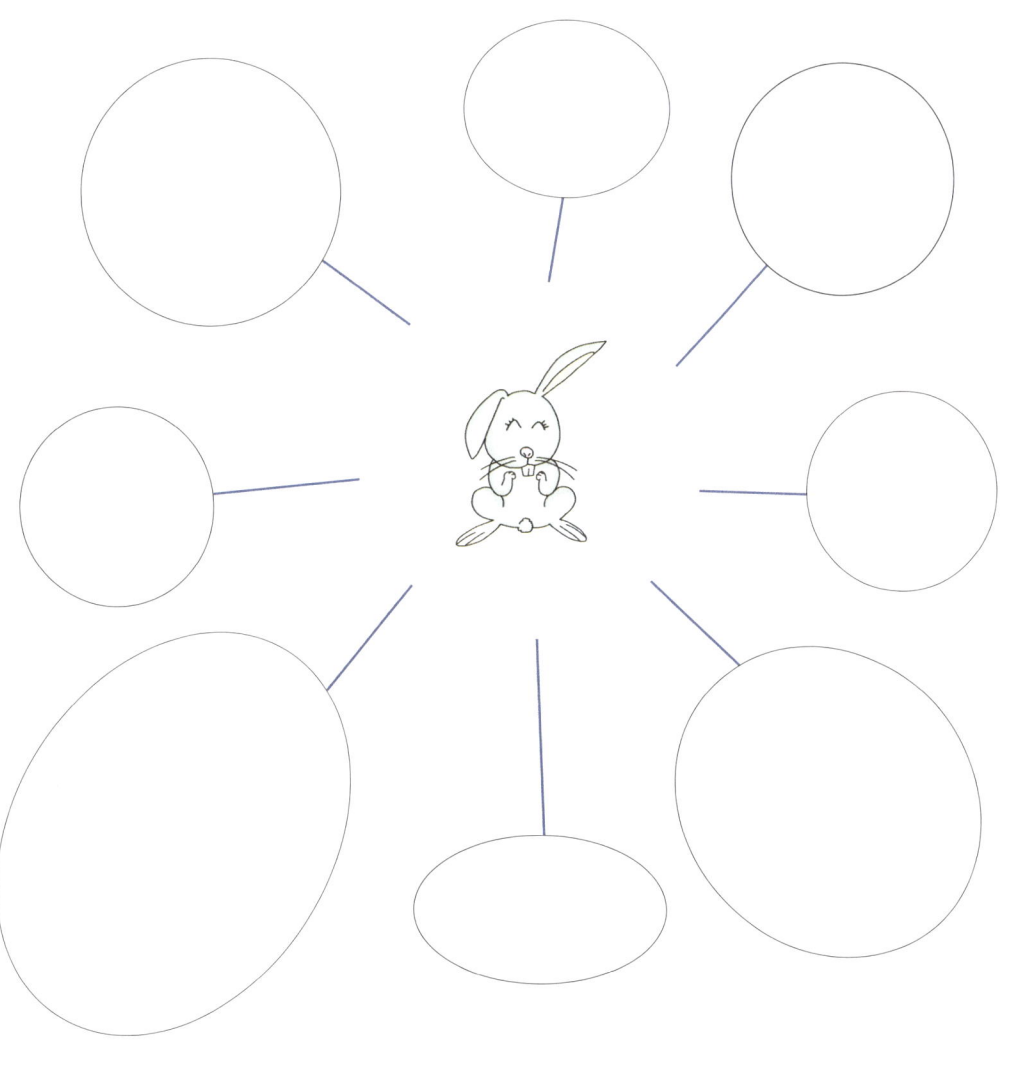

세상에서 가장 소중하고 사랑스러운 나

중심 활동 3

나의 장단점 찾기

잠시 눈을 감고 자신에 대해 생각해 보도록 한다.

- 사람에게는 누구나 잘하는 것, 잘하지 못하는 것이 한 가지 이상 있음을 알게 하고 다른 사람에게 칭찬받았던 일, 자신이 잘하지 못하는 것으로 인해 속상했던 일을 떠올려 보게 한다.
- 자신이 가장 자신 있는 것과 잘하지 못해서 속상했던 것을 구분해서 두 가지를 써 본다.
- 자신이 쓴 것을 발표해 본다. 이때 듣는 사람은 발표자가 가장 자신 있는 것을 발표할 때 발표자의 이름을 부르며 "○○○는 최고야!"라고 칭찬의 박수를 쳐 주고, 자신의 단점으로 속상했던 일을 발표할 때는 발표자의 이름을 넣어 "괜찮아! 그래도 ○○○를 사랑해."라고 말하면서 격려해 준다.
- 자신의 장단점 찾기에서 외모, 인지적·행동적 측면뿐만 아니라 성격, 마음 등의 정의적인 측면도 함께 찾아보도록 한다.

활동지 복사해서 활용하세요!

나의 장단점 찾기

나는 이것만큼은 자신 있어요.

1.

2.

나의 이런 점 때문에 속상해요.

1.

2.

선택 활동

이름으로 삼행시 짓기

학생 활동지 살펴보기

- 자신의 이름을 세로로 크게 쓰게 한다.
- 자신을 상징적으로 잘 표현하는 내용을 삼행시로 짓도록 한다. 이때 시간적 여유가 있으면 종이 여백에 그림으로 표현해 보도록 한다.
- 모둠별로 돌아가면서 이름 삼행시를 발표해 본다. 모둠에서 가장 멋있는 삼행시를 뽑아 발표하도록 한다.
- 자신의 이름과 자신을 동일시하면서 자신이 갖고 있는 꿈이나 앞으로 노력하고자 하는 행동 등을 작성하는 활동을 통하여 자신에 대한 이해를 명확히 인식하도록 한다.

내가 생각하는 나, 다른 사람들이 보는 나 그리기

- 8절 도화지를 이등분하여 왼쪽에는 내가 생각하는 자신의 모습을 오른쪽에는 다른 사람들이 보는 자신의 모습을 그림으로 표현해 본다.
- 내가 생각하는 나의 특징과 다른 사람들이 보는 나의 특징을 발표한다.
- 발표자의 발표를 듣고 친구들이 생각하는 발표자의 긍정적인 행동이나 모습, 생각 등을 이야기해 보도록 한다.

- 내가 생각하는 모습과 다른 사람들이 보는 자신의 모습의 차이를 발견하고 자신의 긍정적인 면을 인식하도록 도와준다.

나에게 칭찬의 편지 쓰기

- 중앙에 자신의 이름을 쓰고 각각 오른쪽으로 돌아가면서 각 모둠원이 다른 모둠원의 활동지에 그 모둠원의 장점과 긍정적인 행동이나 모습 등을 쓴다.
- 자신의 장점이 적힌 활동지에 적힌 내용을 바탕으로 나에게 칭찬의 편지를 써 보도록 한다.

학생 활동지 살펴보기

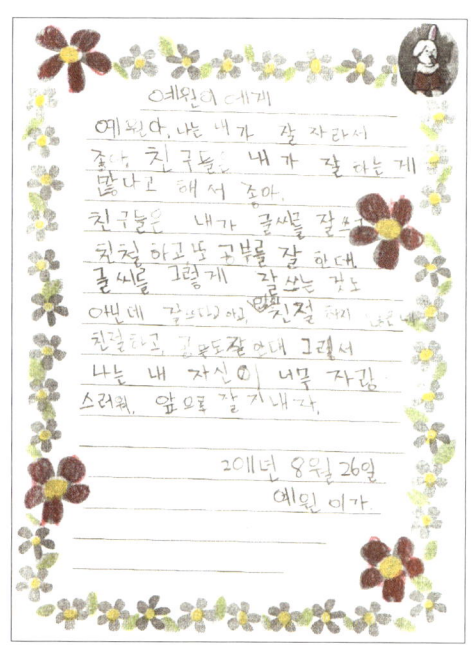

활동지 복사해서 활용하세요!

나를 칭찬해 보아요

자아존중감

🎈 수업을 마치고... 아이들 생각

> 자아존중감 수업을 통해 새롭게 알게 되었거나 나에게 도움이 된 것은 무엇인가요?

- 생김새가 다르다고 친구들을 놀리지 않겠어요.
- 내가 실수하는 것에 대해 기죽지 않을 거예요.
- 다른 사람과 비교했는데 이제는 그러지 않겠어요.
- 키가 커서 속상해했는데 리키를 보고 그러지 않기로 했어요.
- 나는 뛰어노는 것이 더 좋은데 친구들이 자꾸 소꿉놀이를 하자고 해서 나를 조금 이상하게 생각했었어요. 이제는 하나도 이상하지 않아요.

우리들의 가치사전

■ **자아존중감이란?**
- 나를 자랑스럽게 여기는 것이다.
- 다른 사람과 달라도 이상하게 생각하지 않는 것이다.
- 조금 못해도 기죽지 않는 것이다.

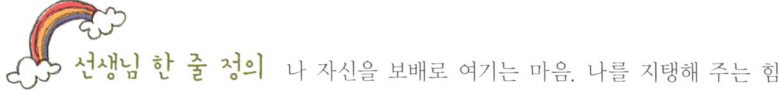 선생님 한 줄 정의 나 자신을 보배로 여기는 마음. 나를 지탱해 주는 힘.

세상에서 가장 소중하고 사랑스러운 나

수업을 마치고… 선생님 생각

즐거운 생활 시간에 물감놀이를 한 적이 있었다. 2절지 크기의 큰 종이에 자신이 좋아하는 색의 물감을 풀어 손으로 맘껏 자유롭게 그림을 그리는 핑거 페인팅이었다. 그런데 신이 나서 표현하는 아이들이 있는 반면, 물감을 손에 묻히는 것이 어려워 한참을 망설이다 간신히 작업에 들어가는 아이들과 결국 손에 묻히지도 못하는 아이들이 의외로 많은 것을 보고 놀랐다. 자신을 자유롭게 표현하기를 어려워하는, 자아존중감이 낮은 아이들이었다.

그런 아이들 속에 뭐든 잘해야 하는 반장 성수, 유난히 주의력이 부족하고 친구들을 자주 괴롭히며 자신을 괴물로 표현하는 태웅이, 자신을 천사와 악마로 표현하는 영희가 있었다. 자신을 소중히 여겨야 하는 이유에 대해 많은 이야기를 했지만 여전히 변화하지 않는 아이들을 위해 『내 귀는 짝짝이』 동화를 들려주었다.

첫 장을 넘기면서 아이들은 조금씩 호기심 어린 눈으로 집중하기 시작하였다. 한 장 한 장 읽어 가자 유난히 주의력이 떨어지고 과잉행동을 하는 태웅이도 집중하면서 이야기에 귀를 기울였다. 이야기를 마치고 자신과 리키를 비교하면서 이야기를 나누었다.

"저는 눈이 나빠서 싫었는데 리키를 보니 괜찮아졌어요"
"축구를 잘 못해서 속상했는데……."
"공부를 못해서 속상하고 힘들었는데……."

아이들은 자신이 생각하는 단점들에 대해 속상했던 것들을 풀어놓기 시작하였다. 특히 태웅이는 다른 사람과 달리 집중을 못하는 자신이 많이 속상했다고 이야기하였다. 태웅이가 리키의 처진 한쪽 귀에 자신이 생각하는 단점을 동일시하면서 위로를 받는 모습이 인상적이었다.

활동 후 아이들에게 자아존중감이 무엇이라고 생각하는지 물으니 "나를 자랑스럽게 여기는 거요." "다른 사람과 달라도 괜찮게 생각하는 것이에요."라고 이야기한다. 자아존중감이란 내가 다른 사람과 달라도 속상하거나 싫어하지 않고 소중하게 생각하는 것임을 인식하는 수업이었다.

  무엇이든 잘해야만 칭찬받고 존중받는다고 생각하는 아이들이 의외로 많이 있다. 부족한 모습이 있어도 자신이 세상에서 가장 소중한 존재이고, 존중받고 사랑받을 수 있는 사람임을 알게 하고 자신을 수용하고 이해하며 존중하는 마음을 키우는 데 이 수업이 도움이 되리라 생각한다.

관련 도서 소개

너는 특별하단다
글 맥스 루케이도 | 그림 세르지오 마르티네즈 | 고슴도치

웸믹이라는 작은 '나무 사람들'이 있었다. 그들은 모두 엘리라는 목수 아저씨가 만들었다. 제각기 다른 웸믹들은 금빛 별표와 잿빛 점표가 든 상자를 가지고 다니면서 서로에게 붙여 주는 것으로 하루를 보냈다. 재주가 뛰어나거나 색이 잘 칠해진 웸믹들은 금빛 별표를 받고, 나뭇결이 거칠거나 재주가 없는 웸믹들은 잿빛 점표를 받았다. 펀치넬로는 항상 잿빛 점표를 받아 기분이 많이 안 좋았다. 그런데 어느 날 펀치넬로는 별표도, 점표도 없는 루시아를 만나게 된다. 루시아가 별표도 점표도 없는 이유는 바로 목수 아저씨 엘리를 만난 때문이었다. 펀치넬로는 목수 아저씨 엘리를 만나 자신의 별표와 점표에 대한 불만을 털어 놓는다. 목수 아저씨 엘리는 자신의 사랑을 신뢰하면 할수록 표에 신경을 쓰지 않게 된다고 설명해 준다.

이해 TIP 별표는 좋은 평가, 칭찬, 부러운 시선 등을 뜻하며 점표는 나쁜 평가, 벌, 꾸중 등을 의미한다. 나와 같은 사람은 이 세상에 한 사람도 없다. 다른 사람이 원하는 모습으로 억지로 자신을 변화시킬 필요는 없다. 부모님이 주신 자신의 모습을 개성으로 삼아 강화하고 발전시키면 되지 않을까? 남들이 나를 어떻게 생각하는지가 아니라 스스로 자신을 사랑하는 마음이 더 중요함을 깨닫게 해 주는 그림 동화다.

악어오리 구지구지
글·그림 천즈위엔 | 예림당

악어오리 구지구지가 자아를 찾아가는 과정을 정감 있게 그려낸 동화책이다. 악어오리 구지구지는 악어도 아니고 오리도 아니다. 원래는 악어지만, 엄마 오리가 알을 품고 키워 주었기 때문이다. 모습이 다르고, 행동도 다르지만 차별 없이 대하고 사랑해 주는 엄마 오리, 그리고 아무 거리낌 없이 함께 어울리는 아기 오리들 덕분에 구지구지는 오리들과 한가족이 되어 행복하게 살아간다. 그러던 어느 날, 갑자기 나타난 악어들은 오리와 비슷하게 행동하는 구지구지를 비웃으며 놀려댄다. 악어는 악어끼리 서로 도와야 한다며 오리들이 다이빙을 하면 잡아먹으려는 속셈으로 오리들을 다리 위로 데리고 오라고 유혹한다. 구지구지는 자신이 정말 누구인가 심각하게 고민하지만 곧 자신의 가족은 오리들이라는 사실을 깨닫고 오리들과 힘을 합쳐 악어들을 쫓아낸다.

이해 TIP 이 책을 읽는 아이들은 구지구지를 악어로 볼까, 오리로 볼까? 어떤 아이의 눈엔 악어로, 또 다른 아이에겐 오리로 보일지도 모른다. 그러나 무엇보다 구지구지는 세상을 건강하고 밝게 살아가려는 하나의 생명체라는 사실을 더 깊이 생각해 볼 일이다. 이 세상의 모든 생명체는 그 자체만으로 기적이다. 그러므로 모든 생명은 존중받아야 마땅하다. 단순한 외모나 겉모양보다는 크고 넓은 마음을 소중히 여기는 마음을 키워 주는 동화다.

자아존중감

나는 나
글 배봉기 | 그림 최병대 | 한겨레아이들

주인공 윤수는 만화 그리기와 십자수 놓기를 좋아하는 남자 아이로 친구들과 뛰어놀기보다 조용히 동화책 읽는 게 더 행복한 내성적인 성격의 아이다. 아빠는 이런 윤수가 씩씩하고 용감한 사내아이로 성장하기를 바라며 혹독한 훈련을 시키지만 결국 윤수의 성향을 이해하고 서로의 갈등을 해결하게 된다. 윤수 또한 자신이 다른 아이와 다르고 그 다름은 자신이 못나서가 아닌 자신의 개성임을 이해하고 다른 사람에게 자신의 생각을 이해시키는 과정을 다루고 있다.

이해 TIP 어린이들이 자신의 참된 개성을 발견하고 가꾸어 나가며, 또 다른 사람의 개성을 인정하고 존중하도록 도와주는 동화다.

마당을 나온 암탉
글 황선미 | 그림 김환영 | 사계절

잎싹은 양계장의 암탉이다. 잎싹의 소원은 자신이 낳은 알을 품어 병아리를 부화시키는 어미닭이 되어 보는 것이다. 어느 날 잎싹은 양계장을 나오게 되고, 야생오리의 알을 품게 된다. 잎싹은 자신이 품었던 알이 오리라는 것을 알고 족제비가 항상 이 둘을 노리는 생활에서 정성을 다해 오리를 키운다. 잎싹의 아기 오리는 자라서 철을 따라 날아온 자신의 동족과 어울려 날아가고, 잎싹은 족제비의 먹이가 된다.

이해 TIP 자신에 대한 정체감이나 자아존중감이 부족한 어린이들에게 삶이라는 것은 누구에게나 매우 소중하며 그 삶을 의미 있게 만들어 가는 것은 바로 나 자신이라는 것을 일깨우는 동화다.

정직 정직한 내가 될래요

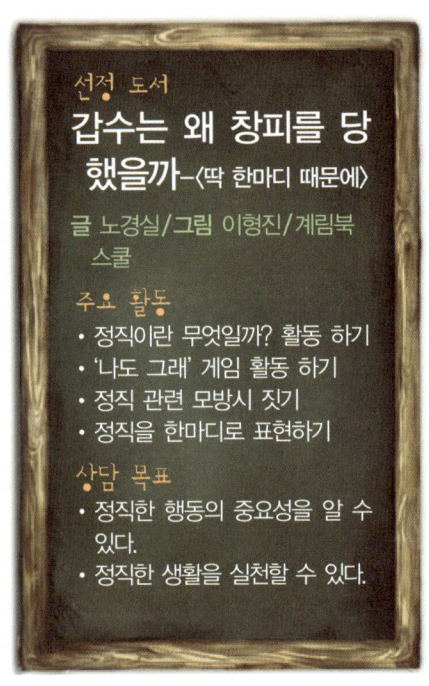

선정 도서
갑수는 왜 창피를 당했을까-〈딱 한마디 때문에〉
글 노경실/그림 이형진/계림북스쿨

주요 활동
- 정직이란 무엇일까? 활동 하기
- '나도 그래' 게임 활동 하기
- 정직 관련 모방시 짓기
- 정직을 한마디로 표현하기

상담 목표
- 정직한 행동의 중요성을 알 수 있다.
- 정직한 생활을 실천할 수 있다.

"선생님 연필이 또 없어졌어요."
"제가 그런 거 아니에요."

교실에서 흔히 아이들에게 들을 수 있는 말이다. 물건이나 돈이 없어지거나 아이들끼리 싸울 때 등 사소한 교실 풍경 속에서 아이들의 크고 작은 거짓말을 종종 보게 된다. 처음 교직생활을 시작했을 때 아이들이 쉽게 거짓말하고 핑계 대는 모습을 보며 실망을 많이 하곤 했는데 시간이 흐를수록 그렇게 하는 아이의 마음을 들여다보려고 하는 내 모습을 발견하게 된다. '저 아이는 왜 빤히 들통날 거짓말을 하는 걸까? 거짓말로 항상 자신을 도피하려는 습관이 든 건 아닐까?' 하면서 말이다.

창피한 내 경험담이지만 어렸을 때 이야기를 잠깐 꺼내 볼까 한다. 점심 시간에 도시락을 먹으면서 교실 바닥에 쓰레기를 버리고 줍지 않았는데, 선생님께서 누가 버렸냐고 물으실 때 시치미를 뚝 떼고 가만히 앉아 있었다. 선생님이 그냥 넘어갈 줄 알았는데 안 되겠다 싶으셨는지 조목조목 아이들을 불러다 물어보시더니 결국엔 내가 범인임을 딱 걸리고 말았다. 친구들 앞에서 선생님께 엄청 혼나고 창피해서 얼굴도 못들었던 부끄러운 기억이 있다.

지금 생각해 보면 그때 선생님께서 나에게 '정직'함에 대해 제대로 가르쳐 주셨다는 생각에 감사한 마음도 들지만 한편으로는 선생님께서 그때 나를 잡아내지 않으시고 책 읽기 같은 다른 방법을 통해 '정직'을 가르치셨다면 내 기억 속 그 날이 또 다른 추억으로 기억되지 않았을까 하는 생각도 든다.

어린 시절에 받은 정직에 대한 교육이 앞으로 정직한 삶을 살아가는 데 중요한 밑거름이 될 거라고 생각한다. 그리고 말로만 "정직해야 한다.", "거짓말은 나쁜 거야."라고 가르치는 것보다 책을 함께 읽고 공감하며 마음으로 깨닫는 교육이 효과적일 것이다.

이런 의미에서 일상생활에서 아이들이 흔히 하는 거짓말에 대해 생각해 보는 기회를 갖고 싶어 이 책을 선택하였다. 이 책에는 거짓말을 했을 때의 감정이 아이들의 시각에서 섬세하게 잘 나타나 있어 아이들에게서 공감을 이끌어낼 수 있을 것이다. 책을 읽으면서 '정직'이란 무엇인지 생각해 보고, 정직하지 못한 행동을 했을 때 어떤 마음이 들었는지를 자신의 경험에 비추어 되돌아볼 수 있는 계기가 되기를 바란다.

선정 도서

갑수는 왜 창피를 당했을까
〈딱 한마디 때문에〉

글 노경실 | 그림 이형진 | 계림북스쿨 | 120쪽

승규는 오늘 숙제를 못해 왔다. 깜빡 잊었기 때문이다. 그래서 선생님께 엄마가 많이 아프셔서 간호하느라 그랬다고 거짓말을 하였다. 그런데 선생님께서 "전화 좀 해 봐야겠구나."라고 하셔서 바로 입원하셨다고 말했다. 선생님께서 어느 병원에 입원하셨는지 묻자 승규는 엄마가 일산 소망 병원에 입원했다고 대답했다. 선생님께서 잘 됐다며 거기가 남동생이 일하는 곳이라며 잘해 주라고 연락해야겠다고 말씀하셨다. 그래서 승규는 다시 엄마가 퇴원하셨다고 말했다. 그런데 선생님께서 학교가 끝날 때 내일 학부모 시간이 있다고 말씀하시는 게 아닌가. 마음이 더 안 놓였다. 엄마가 오시면 거짓말한 게 들통날 것이기 때문이다. 그래서 선생님께 가서 엄마가 입원하셨다고 했다. 그러자 선생님께서 승규를 바라보시더니 귀를 잡아당기면서 "지금까지 했던 말이 전부 거짓말이였구나!"라고 말씀하셨다.

　이렇게 거짓말이 들통 났지만, 이상하게도 승규의 마음은 시원해졌다.

 TIP

도서 활용
- 일상생활에서 아이들이 흔히 하는 거짓말에 대해 함께 생각해 보고 공감하며 반성하게 한다.
- 책 속에 등장하는 인물의 마음 변화를 통해 나의 마음도 들여다본다.
- 학급 전체 아이들과 함께 이 책의 주인공과 비슷한 경험을 이야기하면서 자신의 모습을 돌아보게 한다.

중심 활동 1

〈딱 한마디 때문에〉 리뷰하기

작품을 이해한 내용에 대해 기록하고, 주인공의 마음을 들여다본다.

학생 활동지 살펴보기

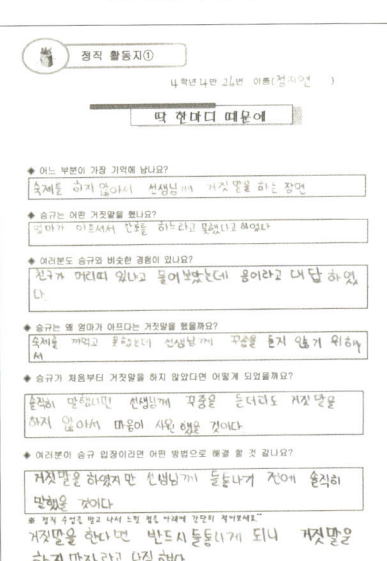

- 어느 부분이 가장 기억에 남나요?
- 승규는 어떤 거짓말을 했나요?
- 여러분도 승규와 비슷한 경험이 있나요?
- 승규는 왜 엄마가 아프다는 거짓말을 했을까요?
- 승규가 처음부터 거짓말을 하지 않았다면 어떻게 되었을까요?
- 여러분이 승규 입장이라면 어떤 방법으로 해결할 것 같나요?

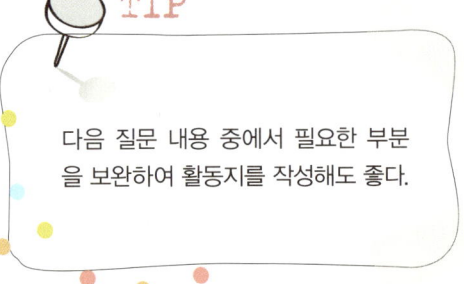

TIP

다음 질문 내용 중에서 필요한 부분을 보완하여 활동지를 작성해도 좋다.

- 거짓말을 했을 때와 들켰을 때, 승규의 속마음은 어땠을까요?
- 거짓말을 하는 동안 승규의 마음은 어땠을까요?
- 마지막에 거짓말을 들켰을 때 선생님이 귀를 잡아당겼는데도 이상하게 마음이 시원해진 이유는 무엇일까요?
- 승규에게 해 주고 싶은 말을 한마디씩 해 볼까요?

활동지 **복사해서 활용하세요!**

딱 한마디 때문에

- 어느 부분이 가장 기억에 남나요?

- 승규는 어떤 거짓말을 했나요?

- 여러분도 승규와 비슷한 경험이 있나요?

- 승규는 왜 엄마가 아프다는 거짓말을 했을까요?

- 승규가 처음부터 거짓말을 하지 않았다면 어떻게 되었을까요?

- 여러분이 승규 입장이라면 어떤 방법으로 해결할 것 같나요?

중심 활동 2

정직이란 무엇일까?

거짓말을 했을 때와 들켰을 때, 승규의 속마음은 어땠을까? 말주머니 꾸미기를 통해 인물의 속마음을 알아본다.

학생 활동지 살펴보기

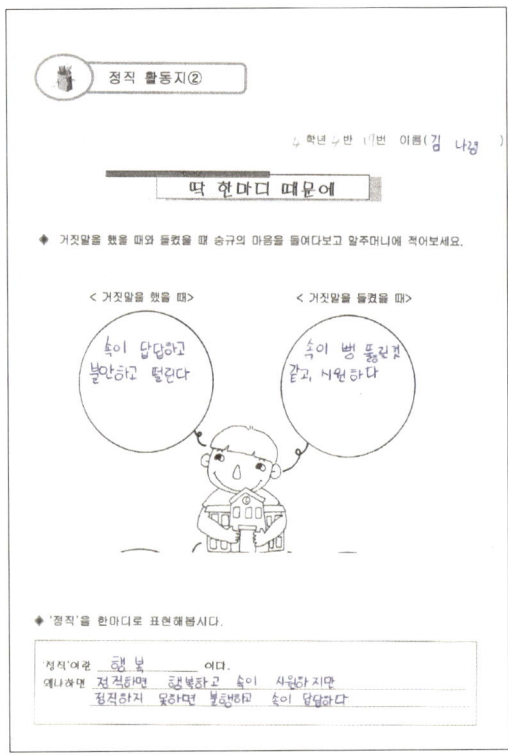

활동지 **복사해서 활용하세요!**

딱 한마디 때문에

● 거짓말을 했을 때와 들켰을 때 승규의 마음을 들여다보고 말주머니에 적어 보세요.

거짓말을 했을 때 　　　　　　　　　거짓말을 들켰을 때

● '정직'을 한마디로 표현해 봅시다.

'정직'이란_____이다.

왜냐하면_____
_____

 ## 선택 활동

'나도 그래' 게임 활동 하기 (가치 탐색하기)

- 술래가 정직하게 행동했던 경험을 이야기하며 손을 내민다.
- 같은 경험이 있는 아동은 "나도 그래." 하면서 술래가 내민 손을 친다.
- 마지막에 친 학생이 다시 술래가 되어 정직하게 행동했던 경험을 이야기한다.
  (시간을 정해 놓고 같은 방법으로 진행한다.)

정직 관련 모방시 짓기 (가치 선택하기)

교사가 제시하는 〈딱 한마디 때문에〉라는 시를 보고 정직하지 못했던 경험을 주제로 모방시를 써 본다. 모둠원이 쓴 모방시를 가방 모양으로 된 모둠 학습지에 붙여 모둠 모방시를 완성해 보는 것도 좋다.

학생 작품 살펴보기

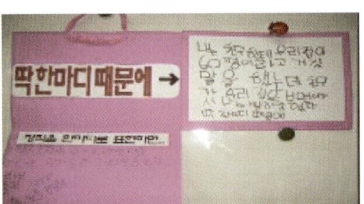

학생 활동지 살펴보기

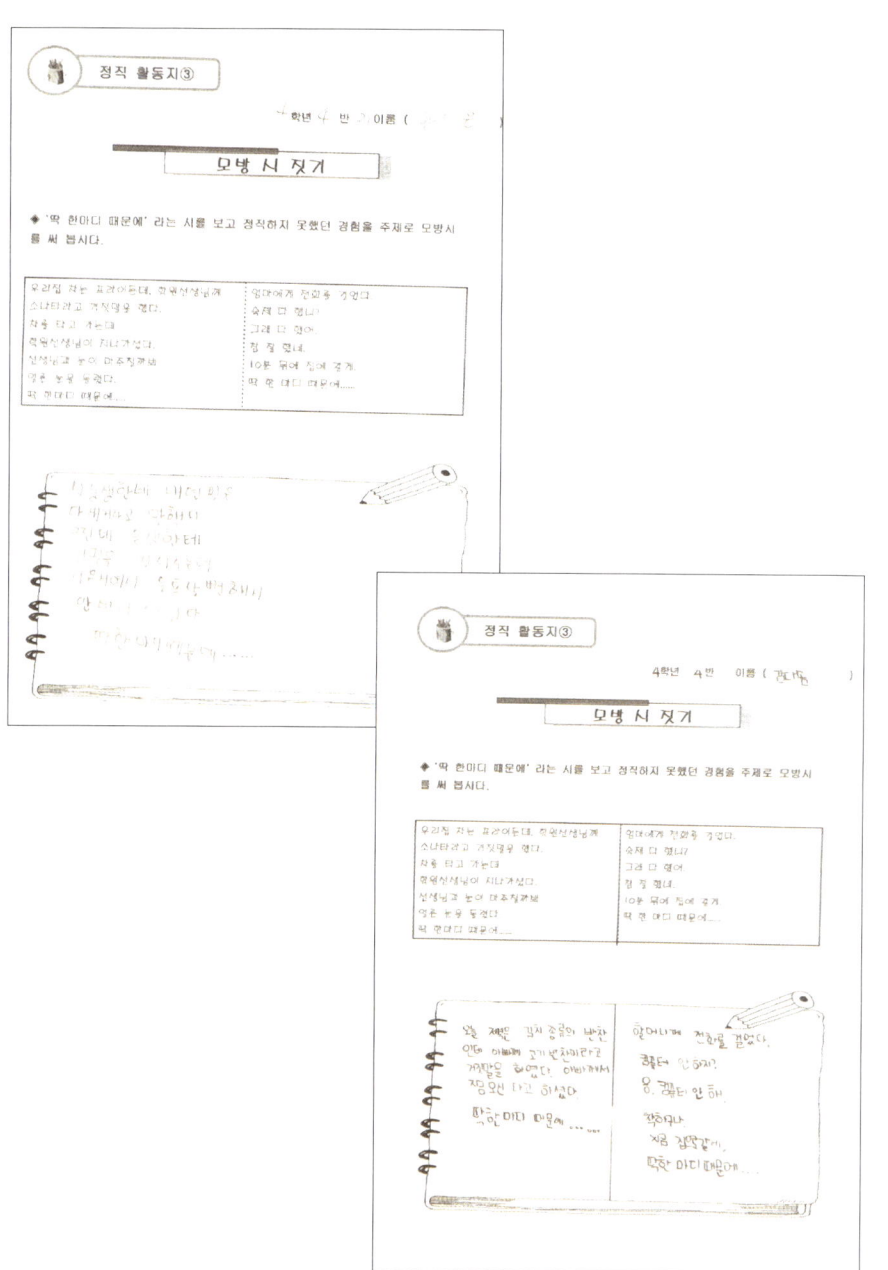

활동지 복사해서 활용하세요!

모방시 짓기

딱 한마디 때문에

우리 집 차는 프라이든데,
학원 선생님께 소나타라고 거짓말을 했다.
차를 타고 가는데
학원 선생님이 지나가셨다.
선생님과 눈이 마주칠까 봐
얼른 눈을 돌렸다.
딱 한마디 때문에……

딱 한마디 때문에

엄마에게 전화를 걸었다.
숙제 다 했니?
그래 다 했어.
참 잘 했네.
10분 뒤에 집에 갈게.
딱 한마디 때문에……

딱 한마디 때문에

정직을 한마디로 표현하기 (가치 내면화)

정직을 한마디로 표현해 보고 그렇게 표현한 이유를 발표한다.

학생 발표 내용 살펴보기

"정직이란 밥이다. 왜냐하면 밥이 우리에게 늘 필요한 것처럼 정직도 늘 필요한 것이기 때문이다."

"정직이란 행복이다. 왜냐하면 정직하면 마음이 행복하기 때문이다."

정직해서 더 훌륭한 분들의 말씀 전하기 (가치 내면화)

"거짓말은 인간의 삶을 어둡게 하고, 파멸시키는 지름길이다."
인도의 민족주의 지도자 간디

"개인도 거짓말하면 망하지만, 나라도 마찬가지다."
미국 존스홉킨스 대학교 프랜시스 후쿠야마 교수

"거짓을 행하는 자의 결과는 심판과 저주가 가득하지만, 늘 정직과 진실을 행하는 자는 행복과 축복이 가득하다."
로마의 신학자 철학자 아우구스티누스

"정직과 성실만이 이 나라를 구하는 유일한 길이요, 복음과 교육으로 정직한 민족이 될 때 나라가 산다."
독립운동가 도산 안창호 선생

우리들의 가치사전

- **정직이란?**
  - 정직이란 행복이다. 정직하면 행복하고 속이 시원하지만 정직하지 못하면 불행하고 속이 답답하다.
  - 정직이란 친구다. 정직하게 말하면 친구와 더 가까워지기 때문이다.
  - 정직이란 시원함이다. 거짓말을 하면 기분도 별로 안 좋고 거짓말을 하지 않으면 마음이 시원하기 때문이다.
  - 정직이란 기쁨이다. 솔직하게 말하면 혼날 수도 있지만 오히려 마음이 가벼워져 기쁠 것 같다.
  - 정직이란 안정이다. 거짓말을 하면 불안하지만 안 하면 마음이 안정된다.

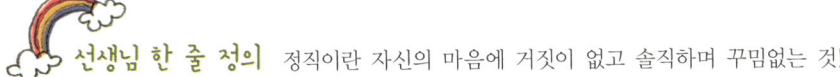

선생님 한 줄 정의 ─ 정직이란 자신의 마음에 거짓이 없고 솔직하며 꾸밈없는 것!

수업을 마치고... 선생님 생각

　우리 반 아이 중 평소 거짓말을 자주 하고 도벽이 있는 은정이를 상담하다가 학급 아이들과도 함께 수업하면 도움이 될 거라는 생각에 이 책을 읽어 주고 '정직'에 대해 함께 이야기해 보는 기회를 마련하였다.

　아이들 앞에서 책을 읽어 주면서 표정을 살피니 굉장히 재미있어하고 집중하는 아이들의 눈이 보였다. 다 읽어 주고 나서 활동지를 나눠 주고 적게 한 다음 발표를 시켰는데 이 책의 주인공과 비슷한 경험이 있냐고 물어보자 많은 아이들이 "저요." "저요." 하며 발표하고 싶어 했다. 아마도 자신들도 비슷한 경험을 해 봤기 때문에 공감을 많이 하지 않았나 하는 생각이 들었다. 이어서 아이들이 자기의 정직하지 못했던 행동을 〈딱 한마디 때문에〉라는 제목으로 모방시 짓기를 했는데 아이들의 반응이 거의 폭발적이었다. 아이들이 친구가 지은 시를 발표할 때마다 여기저기서 키득키득 웃으면서 함께 공감하며 듣는 모습이 인상적이었다. 은정이도 자신의 정직하지 못했던 행동을 지은 시를 발표하면서 쑥스러워하는 표정을 지었다. 수업을 마무리하면서 정직이 뭐라고 생각하는지 적어 보게 하고 아이들에게 물었는데, 생각보다 다양하고 깊이 있는 답변이 많이 나왔다.

　물론 이 수업 한 번으로 은정이와 반 아이들이 완전히 바뀌지는 않겠지만 적어도 '정직'이 무엇이고 정직한 행동이 왜 좋고 중요한지를 한 번쯤 생각해 보고 반성할 수 있는 시간이 되어 흐뭇했다.

　반에서 거짓말 사건이 벌어지는 경우 거짓말한 아이를 여러 아이들 앞에 세워 야단치고 벌주기보다는 이 책을 함께 읽고 이야기 나누며 생각해 보게 하는 것이 거짓말을 한 아이뿐만 아니라 학급 전체 아이들이 '정직'의 중요성을 깨닫고 실천을 다짐하는 데 효과적일 거라고 생각한다.

관련 도서 소개

자전거 도둑 니켈

글 미르얌 프레슬러 | 그림 엄영신 | 푸른나무

니켈은 엉뚱한 아이다. 하지만 선생님은 니켈을 멍청한 아이라고 생각한다. 니켈은 자신의 생일날만 손꼽아 기다리는데, 생일날에 엄마가 자전거를 사준다고 며칠 전부터 약속을 하셨기 때문이다. 학교에서 수업 시간에 선생님께 혼난 일도 자전거를 갖는다는 생각으로 참을 수 있었다. 그런데 집에 있던 세탁기가 고장나면서 자전거를 사는 일이 미루어지고, 니켈은 그런 가족들이 밉기만 하다. 어느 날 니켈은 엄마 심부름을 가는 길에 주인 없이 서 있는 빨간 자전거를 보게 된다. 결국 니켈은 엄마 심부름 가는 일은 잊은 채 빨간 자전거를 끌고 멀리 달려간다. 순간적인 충동으로 자전거를 훔친 니켈은 괴로워하다가 마음의 병까지 얻는다. 결국 형인 디앙고의 도움으로 모든 일이 자연스럽게 해결되면서 니켈은 무거웠던 마음의 덫을 벗어버리고 일상으로 돌아온다.

이해 TIP 도둑질이 가져다준 고통과 마음이 후련해지는 결말이 생동감 있게 전개되면서 흥미와 공감을 불러일으킨다. 어린이들이 자라면서 한 번쯤 겪게 되는 걱정과 고민, 문제들을 니켈의 눈높이에서 섬세하게 묘사하고 있다. 도벽이 있는 아이를 상담할 때 이 책을 읽고 함께 이야기해 보면 많은 도움을 받으리라 생각한다.

그림 도둑 준모

글 오승희 | 그림 최정인 | 낮은산

준모는 남보다 잘 하는 게 하나도 없는 평범한 아이다. 공부보다는 컴퓨터 게임을 좋아하고, 학교와 학원을 오가는 생활이 지겹지만 엄마의 야단이 무서워 꼬박꼬박 나간다. 하지만 엄마는 항상 뭐든지 잘하는 예린이와 비교하며 준모가 상을 받아오길 기대한다. 그러던 어느 날, 불조심 그리기 대회가 열리고 이름을 쓰지 않은 예린이의 그림을 준모의 그림으로 착각한 선생님 때문에 준모는 뜻밖에도 상을 타게 된다. 본의 아니게 거짓말로 '그림 도둑'이 되고 만 준모는 그 일이 마음에 걸려 두려움 속에서 괴로워하며 거짓말이 얼마나 무서운 것인지 마음 깊이 깨닫게 된다.

이해 TIP 친구 그림으로 상을 받게 된 준모가 겪는 갈등과 고민을 통해 정직함의 가치를 생각해 보게 해 주는 이야기다. 순간의 거짓말로 괴로워하는 주인공의 내면 갈등이 섬세하게 그려지고 있어 어린이들이 쉽게 공감하면서 자신의 생활을 돌아보고 반성할 수 있는 계기로 삼을 수 있다.

거짓말쟁이 천재

글 울프 스타르크 | 그림 하타 코시로 | 크레용하우스

울프는 언제나 낙제 점수를 받은 시험지에 천 번이나 연습한 아빠 사인을 멋지게 흉내 내어서 친구들의 부러움까지 산다. 어느 날 선생님 코앞에서 거짓 사인이 들통나 버리고, 아들이 우등생임을 굳게 믿는 부모님의 실망과 꾸지람이 걱정된 울프는 집을 나온다. 거리를 헤매며 고생하던 울프는 경찰에 의해 집으로 돌아오고 용서를 빌지만, 친구들 앞에서는 으쓱대며 자유를 맛보았노라고 둘러댄다. 이런 거짓말쟁이 소년 울프가 결국 솔직히 털어 놓으면 무슨 일이든 다 잘 될 거라는 아빠의 말씀을 진정으로 이해하게 되면서 정직한 아이가 될 것을 다짐하게 된다는 이야기다.

이해 TIP 어린 시절의 누구나 한 번쯤 경험하게 되는 거짓말로 인한 문제와 자신이 한 거짓말로 괴로움을 겪는 아이의 두려운 마음이 잘 묘사된 그림책이다. 아이들 간의 경쟁 심리와 거짓말을 둘러싸고 벌어지는 사실감 있는 이야기를 통해 정직함의 필요성을 깨닫게 해 준다.

파스칼의 실수

글 플로랑스 세이보스 | 그림 미셸 게 | 비룡소

지각을 한 파스칼은 선생님께 혼나게 되자 엉겁결에 엄마가 죽었다고 거짓말을 한다. 이 소식을 들은 선생님은 파스칼의 아빠에게 전화를 하고, 전화를 받은 아빠가 어리둥절해하자 파스칼은 프랑수아의 엄마가 돌아가셨는데 선생님이 전화를 잘못 걸었다고 또 거짓말을 한다. 파스칼의 말을 믿은 엄마는 프랑수아를 집으로 데려오자고 하고, 파스칼은 자신의 실수를 감추기 위해 계속해서 거짓말을 하게 된다. 결국 엄마가 학교에 나타나면서 걷잡을 수 없는 상황은 간신히 해결된다.

이해 TIP 무심코 거짓말을 해 버린 아이가 거짓말에 대한 책임과 죽음에 대한 의미를 깨닫게 되는 과정을 그린 그림책이다. 한 번의 거짓말이 또 다른 거짓말을 낳는 과정을 통해 거짓말의 심각성과 잘못을 인식할 수 있다.

화 화가 나면 어떻게 하나요?

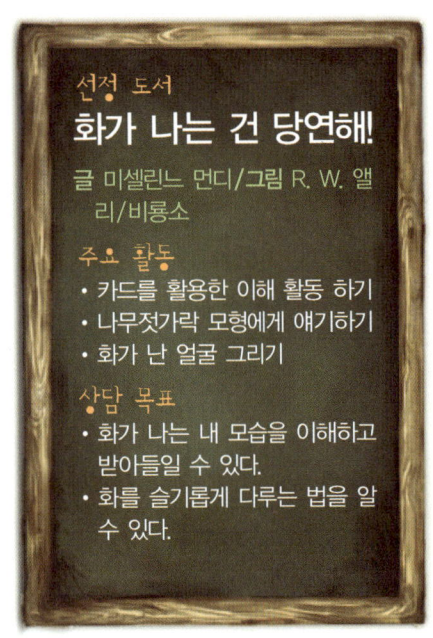

선정 도서
화가 나는 건 당연해!
글 미셸린느 먼디/그림 R. W. 앨리/비룡소

주요 활동
- 카드를 활용한 이해 활동 하기
- 나무젓가락 모형에게 얘기하기
- 화가 난 얼굴 그리기

상담 목표
- 화가 나는 내 모습을 이해하고 받아들일 수 있다.
- 화를 슬기롭게 다루는 법을 알 수 있다.

"기현아, 기현아!"

또 폭발한 기현이를 제재하려고 다급하게 불렀다.

"앞으로 나와."

씩씩거리며 시원이와 기현이가 눈을 흘기며 앞으로 나왔다.

일단은 시비가 붙은 아이들을 떨어뜨려 놓는 것이 상책이다.

기현이는 평소에는 그렇게 눈에 띄게 두드러지는 아이는 아니다. 그런데 자기 마음에 맞지 않거나 친구들과 시비가 생기면 그 친구를 따라다니면서 지독하게 괴롭힌다. 그렇게 해서도 풀리지 않으면 자신의 신체에 해를 입히는 행동을 한다. 화가 나면 조절이 되지 않아 바람직하지 않은 방법으로 화를 풀어내는 것이라고 할 수 있다.

학급에는 아주 사소한 것에도 화를 잘 내는 아이들이 종종 있다. 친구가 건드렸다고 화를 내고, 자기 앞에 끼어들었다고 화를 내고, 체육 활동을 할 때 반칙했다고 화를 내고 다툰다. 이렇게 친구가 자기에게 한 조그마한 잘못을 참지 못하고, 욕을 하며 화를 내는 아이들이 점점 많아지는 것을 볼 수 있다. 적절하게 자신의 화나 분노를 조절하거나 바람직한 방법으로 화를 풀어낼 줄 모르기 때문에 생기는 문제라고 할 수 있다.

'화'라는 감정은 인간에게 자연스럽게 일어나는 것이다. 화나는 감정 자체가 문제가 있는 것이 아니라 화난 감정을 어떻게 풀어내느냐가 중요하다는 점을 아이들에게 일깨워 주는 것이 필요하다. 따라서 화란 무엇이며, 어떻게 화를 풀어 내는 것이 지혜로운가에 대한 교육이 필요할 것이다.

여기서 선정한 책은 이렇게 화나는 감정을 어떻게 이해하고, 효과적으로 접근할 것인지를 안내해 주는 유용한 책이다. 화라는 감정 그 자체가 나쁘다, 좋다 말할 수 있는 것이 아니라는 점을 일깨워 준다. 화가 갖는 긍정적인 점도 알려 주고, 화를 원만하고 적절하게 표출하는 방법을 알려 주고 있다.

선정 도서

화가 나는 건 당연해!
글 미셸린느 먼디 | 그림 R. W. 앨리 | 비룡소 | 50쪽

'화'라는 감정은 누구나 갖고 있는 자연스러운 감정 중 하나다. 하지만 어른들은 어리다는 이유로, 제대로 감정 표현을 할 수 없다는 이유로 어린이들의 '화'를 잘 다루지 않으려는 경향을 보인다. 따라서 어린 친구들이 '화'가 지나치게 많이 나면 부적절한 행동으로 표출하기도 하는 것이다.

그렇다면 '화'를 적절하게 다루는 절차는 무엇일까? 우선 무엇이 자신을 화나게 하는지 그 원인을 생각해 봐야 한다. 이는 관계가 없는 사람에게 화를 표출하지 않기 위해서다.

두 번째로, 화를 풀 방법에 대해 생각해 봐야 한다. 이 방법은 때로 긍정적인 방식, 혹은 부정적인 방식으로 나타날 수도 있다.

하지만 가능한 한 긍정적인 측면으로의 행동이 좋은 방법일 것이다. 나를 화나게 한 사람이 있다면 그 사람에게 이유를 이야기해 주는 것도 좋은데, 이는 긍정적인 방식이라 할 수 있다. 그때그때 말하지 않은 감정은 쌓이고 쌓여 결국 폭발해 버려 부정적인 방식으로 나타날 수도 있기 때문이다. 덧붙여 화가 날 때 취할 수 있는 해결 방법도 알아본다. 솔직하게 감정 표현하기, 화나는 상황에서 떨어져 있기, 숨 고르기, 어른에게 도움 청하기 등이 있다.

그리고 '화'라는 감정은 상대방으로 인해 내가 느낄 수도 있지만, 반대로 나로 인해 다른 사람이 화를 느낄 수도 있다. 그럴 때에는 또 다른 방법(화가 난 이유 열심히 들어 주기 등)을 통해 그 상황을 이겨 내야 할 것이다.

TIP

도서 활용
- 화라는 감정 자체는 긍정적이지도, 부정적이지도 않다는 점을 깨닫게 해 준다.
- 화를 적절하게 내는 방법으로 솔직하게 이야기하기, 화나는 상황에서 벗어나기, 숨 고르기 등 자기 나름대로의 방법을 찾도록 도와준다.
- 일상생활에서 자신이 화를 푸는 방법과 책에서 제시한 방법과의 차이에 대해 이야기해 보게 한다.

중심 활동 1

『화가 나는 건 당연해!』 리뷰하기

아이들과 함께 『화가 나는 건 당연해!』를 읽고 활동지의 질문을 활용해 책의 내용을 이해해 본다.

학생 활동지 살펴보기

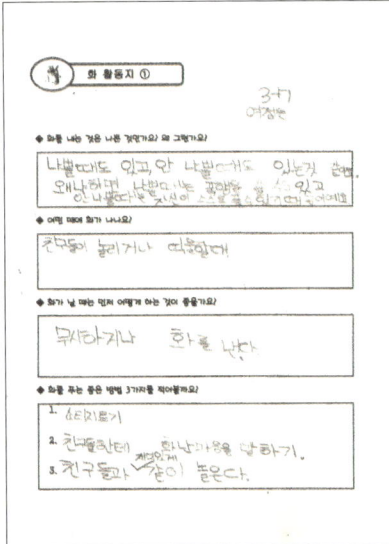

- 화를 내는 것은 나쁜 것인가요? 왜 그런가요?
- 어떤 때에 화가 나나요?
- 화가 날 때는 먼저 어떻게 하는 것이 좋을까요?
- 화를 푸는 좋은 방법 세 가지를 적어 볼까요?

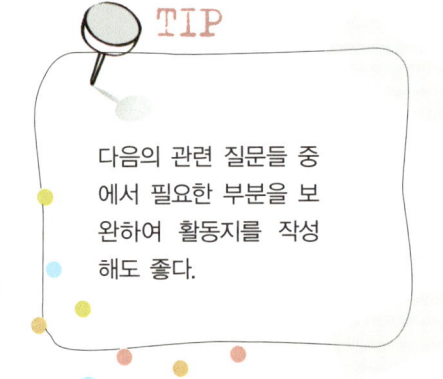

다음의 관련 질문들 중에서 필요한 부분을 보완하여 활동지를 작성해도 좋다.

- 화가 나는 것이 당연한 건가요?
- 화를 내는 것이 우리에게 도움이 될 수가 있나요?
- 화는 꼭 풀어야 하는 걸까요?
- 아무리 화가 나도 해서는 안 되는 게 있을까요?
- 혹시 나 자신에게 화가 났다면 어떻게 하는 것이 좋을까요?

활동지 복사해서 활용하세요!

화

- 화를 내는 것은 나쁜 것인가요? 왜 그런가요?

- 어떤 때에 화가 나나요?

- 화가 날 때는 먼저 어떻게 하는 것이 좋을까요?

- 화를 푸는 좋은 방법 세 가지를 적어 볼까요?

 중심 활동 2

카드를 활용해 이해 활동 하기

- 〈화 활용 카드〉(활동지)를 활용하여 모둠별로 각 모둠원이 한 장씩 고르게 한다.
- 카드에 있는 질문에 대해 자기 나름대로 생각한 것을 이야기하게 한다.
- 다른 모둠원들이 그 대답에 대해 답하면서 책의 내용에 대해 이해한다.

화 활용 카드

화가 나는 것이 당연한가요?

당신을 화나게 하는 것이 무엇이지요?

화가 나면 어떤 기분이 들지요?

화는 꼭 풀어야 하는 걸까요?

아무리 화가 나도 해서는 안 될 행동은 무엇일까요?

화가 날 때 푸는 좋은 방법에는 어떤 것이 있을까요?

선택 활동

나무젓가락 모형에게 얘기하기

- 자신을 화나게 했던 사람과 그 사람과 있었던 일을 색종이에 적게 한다.
- 기록한 색종이를 얼굴 모형으로 잘라 나무젓가락에 끼우게 한다.
- 나무젓가락 모형을 불편하게 했거나 화나게 했던 대상이라고 생각하고 자신의 생각이나 감정을 말하게 한다.
- 입장을 바꾸어 나무젓가락이 자신이라고 생각하고 상대방의 입장에서 자신에게 하고 싶은 말을 하게 한다.
- 활동을 마친 후 몇 명의 지원자를 선정하여 교실 앞에 나와 시연해 보게 한다.

화난 얼굴 그리기

화가 났을 때 얼굴 표정을 거울을 보며 지어 보게 하고, 그 표정을 그림으로 나타내 보게 한다.

화를 가장 빨리 풀 수 있는 방법 조사하기

친구에게나 다른 사람에게 화가 났을 때 가장 빨리 풀 수 있는 방법을 세 가지씩 적어 보게 한다.

용서의 글 써 보기

친구나 부모님, 또는 자기에게 화가 났던 상황을 생각해 보고, 그 대상에게 용서를 구하는 글을 구체적으로 써 보게 한다.

수업을 마치고... 아이들 생각

> 화 수업을 통해 새롭게 알게 되었거나 나에게 도움이 된 것은 무엇인가요?

- 화가 난다고 동생에게 화풀이 하면 안 된다는 걸 배웠어요.
- 화를 잘 푸는 게 중요하다는 생각이 들었고, 앞으로 행동이 변할 거라고 생각해요.
- 화가 나면 무조건 꾹 참지 말고, 친한 친구에게 말해야겠다고 생각했어요.
- 전에는 화가 나면 인형을 마구 때렸는데 이제는 안 그러겠어요.
- 화를 어떻게 푸는지 알게 되었어요.

우리들의 가치사전

- **화란?**
- 화란, 자연스러운 감정!
- 화는 꼭 풀어야 하는 것!
- 화는 나의 마음 속에 있는 참을 수 없는 감정!
- 화는 정의로운 짜증!
- 화는 어떻게 하느냐에 따라 성질이 바뀌는 감정 덩어리!
- 화는 짜증나게 하는 기계!

화는 내가 바라는 대로 이루어지지 않을 때 마음속에서 터지는 폭탄!

수업을 마치고... 선생님 생각

아이들에게 '화'를 주제로 수업을 한다고 하니까 꽤나 낯설어했다.

"학교나 집에서 화가 날 때가 많지. 그러면 화나는 감정은 나쁜 걸까, 좋은 걸까?"

이 질문에 화를 내는 건 나쁜 것이라고 말하고 싶어 하는 아이들이 제법 눈에 띄었다. 선생님의 의도를 알아챈 몇몇 아이들은 눈을 말똥거린다. 손을 들어 보게 했더니 대부분의 아이들은 친구들의 눈치를 보면서 아니라는 응답에 손을 든다.

"그래, 화라는 감정은 그 자체로는 좋거나 나쁜 것이 아니야. 이번 시간에는 화라는 감정이 어떤 것이며 어떻게 푸는 것이 좋은지 알아볼 거야."

아이들에게 화라는 감정을 이해하는 데 도움을 줄 책으로 『화가 나는 건 당연해!』라는 책을 소개하면서 인터넷에 있는 책 내용 화면을 보여 주며 한 쪽 한 쪽 읽어 내려 갔다. 화라는 감정은 사람이면 누구나 느낄 수 있는 자연스러운 자기 표현이라는 점, 때로 화가 약이 될 수도 있다는 점을 일깨워 주었다. 조금 더 구체적으로 화의 원인, 화를 내는 것은 선택이라는 점, 화가 났을 때 효과적인 방법에 대해서 알아보았다.

아이들은 화라는 감정으로 수업을 한다는 것을 낯설어하면서도 꽤나 흥미로워했다. 무엇보다 화라는 감정 자체가 좋거나 나쁜 것이 아니고 표현을 어떻게 하느냐가 중요하다는 점은 아이들에게 매우 큰 의미가 있었다고 생각한다. 화라는 감정을 수업 내용으로 다루는 것이 자신을 적절하게 표현하는 데 무엇보다 중요하다는 점을 알게 해 주는 시간이었다. 또한 적절하게 화내는 방법을 알려 주는 것이 아이들에게 효과적이었다고 본다.

수업 후 아이들은 화라는 감정이 자연스러운 것이라는 점, 적절하게 푸는 것이 중요하다는 점을 알게 되었다고 이야기했다. 화가 부정적인 정서가 아니라는 점을 인식하면서 자신 안에 일어나는 화를 수용할 수 있게 된다. 아이들이 화라는 정서를 직시하면서 상황을 고려하여 적절하게 풀어내는 방법을 찾아보는 시간을 가질 수 있었다. 자신의 감정을 건강하게 풀어낼 수 있음을 인식하게 해 주었다는 점에서 의미 있는 수업이었다고 생각한다.

관련 도서 소개

쏘피가 화나면- 정말, 정말 화나면
글·그림 몰리 뱅 | 케이유니버스

쏘피의 감정 상태에 따라 테두리의 색이 어두운 색에서 밝은 색으로 변해가는 점이 인상적이다. 내용 역시 화가 난다는 게 어떤 것인지, 또 그 화를 쏘피는 어떻게 가라앉히고, 자신을 조절하는지 유아의 입장에서 아주 잘 표현했다. 아이들에게 화를 낸다는 것은 자연스러운 감정이지만 그 격한 감정을 어떻게 하면 잘 조절하고 다시 즐거운 감정으로 돌아올 수 있는지 좋은 해법을 제시하는 책이다.

이해 TIP 이 책은 아이들의 순간적인 반응, 화가 났을 때의 모습을 보여 준다. 자신의 감정을 주체 못해 화를 내다 보면 주위는 온통 빨간색으로 변해 위압감을 주고, 그 기분을 어떻게 달래야 할지 모른다. 이 책에서는 그냥 아이를 내버려두면서 혼자서 그 기분을 달래 보고, 그 순간의 화냄이 얼마나 안 좋은 건지 스스로 느끼게 하여 다시는 그런 일을 하지 않는 게 좋다는 걸 알게 하고 있다. 아이가 화가 났을 때 위협하기보다는 혼자서 생각하고 정리할 수 있는 시간을 갖게 하는 것이 바람직함을 알려 준다.

괴물들이 사는 나라
글·그림 모리스 샌닥 | 시공주니어

늑대 옷을 입고 장난치다가 엄마한테 야단을 맞은 맥스는 방에 갇히는데, 방이 갑자기 숲이 되고 바다가 되고 세계 전체가 되어 꼬마를 괴물 나라로 데려간다. 꼬마는 괴물 나라의 왕이 되어 의기양양하게 귀환하고 방 안에는 따뜻한 식탁이 차려져 있다. 현실 세계에서 경험한 엄마와의 감정적인 대립을 상상의 세계에서 풀도록 유도한다.

이해 TIP 동화에서 아이들의 흥미를 불러일으키는 방법으로 많이 활용하는 것이 의인화 기법인데, 이 책에서는 맥스가 늑대로 변해 괴물 나라에서 괴물들과 소통하는 '역의인화' 기법이 활용되고 있다. 맥스는 괴물 나라의 왕이 되어 괴물들을 다스리면서 자기 마음대로 다스려지지 않는 괴물들에게 화를 내기도 하고, 그들을 괴롭히기도 한다. 이 과정에서 자신이 엄마의 속을 썩이고, 힘들게 했다는 생각을 하게 되면서 엄마를 이해하게 된다. 수업 장면에서 이 책을 활용할 때, 맥스가 엄마의 입장을 이해하는 것처럼 다른 사람의 입장을 이해하는 것이 공감이고, 친구들과 좋은 관계를 맺기 위해서는 공감이 매우 중요하다는 점을 깨우쳐 주는 것이 효과적일 것이다.

얄미운 사람들에 관한 책

글 토니 모리슨, 슬레이드 모리슨 | 그림 파스칼 르메트르 | 주니어김영사

주인공 아이는 얄미운 사람들의 실체를 명쾌하게 설명해 낸다. 화나면 소리 지르기, 얼굴 찡그리기, 어리다고 얕보기, 일관성 없이 야단치기, 막무가내로 명령하기……. 하지만 화나면 누구든 얄밉게 행동할 수 있고, 어른들이 늘 얄미운 행동을 하는 것은 아님을 아이들은 알고 있다. 실은 마음속으로는 자신을 사랑하고 있기 때문에, 어른들이 얄미운 일을 할 때에도 혹은 갑자기 웃으며 다가와 겁이 나게 할 때에도, 주인공 아이처럼 언제나 웃겠다고 이야기한다.

이해 TIP 이 책은 아이의 관점에서 서술된 동화다. 아이가 얄밉게 느끼는 사람은 어떤 행동을 하는 사람인지, 아이가 무서워하는 어른의 행동은 무엇인지 등 어른은 아무렇지도 않게 하는 행동이 아이에게 어떻게 느껴지는지에 대한 이야기다. 그런데 동화책에 소개된 어른들의 행동이 아이만 싫어하는 행동은 아니다. 소리 지르면서 말하는 사람, 얼굴을 찡그리는 사람은 어른이 봐도 몹시 밉게 보이니까. 말귀를 못 알아듣는다고 무시하지 않고 차근차근 설명해 주면 이해할 수 있는 것을 마구 소리 지르고, 윽박지르면 아이들이 무서워할 것이다. 물론 어른들도 그렇다. 그래서 『얄미운 사람들에 관한 책』이라는 제목으로 쓰여진 이 동화는 아이들은 물론이고 어른들에게도 생각할 거리를 많이 주는 책이다.

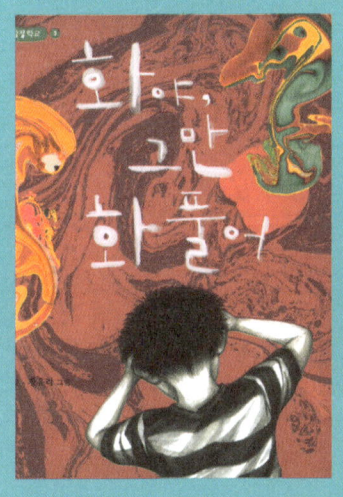

화야, 그만 화 풀어

글 채인선 | 그림 황유리 | 아지북스

화를 제대로 달래거나 다루지 않으면 어떤 일이 벌어질까? 화가 과격해지면 얼마나 무서운지 본 적이 있나? 화가 추는 춤을 본 적이 있나? 이 동화에서 화가 주인공의 마음속에서 나와 어떤 모습을 보이는지 알 수 있다.

누구나 화는 날 수 있다. 중요한 것은 화가 날 때 어떻게 대처하고 화를 달래는가 하는 문제다. 화가 난다고 섣불리 화를 크게 내거나 물건을 던지면 오히려 스스로에게 상처를 주고 후회를 하게 된다. 이 책에서는 이와 관련해서 따뜻한 조언을 해 주고, 다른 친구들에게서도 배울 수 있도록 해 준다.

이해 TIP 자기 감정은 그것을 인식하고 표현할 수 있어야 자기 감정이라고 말할 수 있다. 자기 감정을 잘 알아채지 못하는 사람은 다른 이의 감정도 알아채기 힘들고, 다른 이와의 감정 교류는 더욱더 힘들어진다. 감정 표현에도 연습이 필요하고, 그 연습은 어릴 때 이루어져야 한다. 아이들이 스스로 감정을 이해하고 그것을 적절히 표출함으로써 궁극적으로 자기 감정의 주인이 되도록 도와주는 책이다.

참고 문헌 · 사이트

원동연, 유혜숙, 유동준(2005). 5차원 독서치료. 김영사.
명창순(2008). 독서치료의 첫걸음. 푸른책들.
한국정보화진흥원(2010). 2010 정보화 통계집.
한국청소년상담원. http://www.kyci.or.kr

경기초등상담연구회

경기초등상담연구회는 경기도에 위치한 초등학교에서 근무하는 교사들이 학교 현장에서 상담 교육을 할 수 있는 방안에 대해 함께 고민하고 연구하는 모임입니다. 초등학교에서 아동의 학습 및 인성 발달에 전반적인 영향을 주는 담임교사가 효과적으로 아동을 상담할 수 있는 이론과 기법을 연마하고 실천할 수 있는 능력을 키우는 데 목적을 두고 있습니다.

월 2회의 정기 모임에서 상담 주제별 사례 발표와 토론을 하면서 학교상담자로서의 자질을 연마하고 있으며, 현직 교사를 대상으로 한 상담 연수와 상담 관련 교재 개발을 통해 초등학교에서 효율적인 학생상담 및 생활지도가 이루어질 수 있도록 지원하고 있습니다. 그동안 만든 책으로 『행복한 자기 감정 표현학교』(다산어린이북스, 2007), 『담임교사와 함께하는 학급상담』(공동체, 2010)이 있습니다.

김경집 연세대학교 교육상담학 박사 | 수원 명인초등학교 교사

김유나 경인교육대학교 졸업 | 수원 천천초등학교 교사

김혜정 경인교육대학교 초등상담학 석사 | 안산 청석초등학교 교사

소희숙 아주대학교 상담심리학 석사 | 수원 영덕초등학교 수석교사

양희영 경기대학교 초등교육학 석사 | 화성 정림초등학교 교사

위형석 아주대학교 상담심리학 석사 | 부천 동산초등학교 교사

장현일 한국교원대학교 교육상담학 석사 | 안양 달안초등학교 교사

정지나 아주대학교 상담심리학 석사 | 화성 와우초등학교 교사

조형일 아주대학교 상담심리학 석사 | 안성 원곡초등학교 교사

최미현 단국대학교 평생교육학 석사 | 수원 명인초등학교 교사

2012년 2월 24일 1판 1쇄 발행
2019년 1월 11일 1판 5쇄 발행

지은이 | 경기초등상담연구회
펴낸이 | 김진환
펴낸곳 | (주) **학지사**
　　　　　121-838 서울특별시 마포구 양화로 15길 20 마인드월드빌딩
　　　　　대표전화 (02)330-5114　팩스 (02)324-2345
등록번호 | 제313-2006-000265호
홈페이지 | www.hakjisa.co.kr
페이스북 | https://www.facebook.com/hakjisa

ISBN　978-89-6330-857-9　74800
　　　　978-89-6330-850-0　04370(set)

가격 12,000원

저자와의 협약으로 인지는 생략합니다.
파본은 구입처에서 교환해 드립니다.

이 책을 무단 전재 또는 복제 행위 시 저작권법에 따라 처벌을 받게 됩니다.

인터넷 학술 논문 원문 서비스 뉴논문 www.newnonmum.com

부록 게임 중독 - 『게임 중독에서 벗어나고 싶어!』 리뷰하기

어느 부분이
제일 기억에 남나요?

내가 부모였다면 게임에만
빠져 있는 찬규에게 어떤
도움을 주고 싶나요?
그 이유도 말해 볼까요?

찬규처럼 인터넷 게임에
빠져 있어서 하지 못하는
활동은 무엇일까요?

게임에서 빠져 나왔을 때
기분은 어땠나요?
그 모습을 본 엄마의
마음은 어땠을까요?

찬규처럼 인터넷 게임에
빠졌다면 그때의
마음은 어땠을까요?

찬규가 "나도 그만두고 싶은데
자꾸 손이 가. 나도 정말
미치겠어."라고 말할 때
나는 어떤 생각이나 느낌이
들었나요?

 가족 갈등 - 주사위 게임하며 생각 나누기

나는 ____ 때
우리 아빠가
가장 좋다

나는 ____ 때
우리 엄마가
가장 싫다

나는 ____ 때
우리 엄마가
가장 좋다

나는 ____ 때
우리 아빠가
가장 싫다

나는 커서
내 아이에게
____ 해 줄 거다

우리 엄마는
____ 말을
가장 많이 한다